おかざきなな

JN177591

男が選ぶオンナたち

愛され女子研究

講談社+α新書
プラスアルファ

はじめに　バツ3×子持ち×55歳の私が愛されるのだから、あなたはもっと愛される

今すぐ愛されたいあなたへ

世の中には「恋愛ノウハウ」「モテ・テクニック」が書籍やセミナー、テレビやSNSでたくさん紹介されています。どれも「理論」にもとづいていますので、理屈は正しいのですが、私自身、そういったノウハウやテクニックを紹介している女性をテレビやワークショップでお見かけした時、「この女性、本当にこのテクニックで愛されているのかな?」と疑《うたぐ》ることがあります。なぜなら、その女性が、がさつな話し方をされていたり、無表情だったり、〝愛され女子〟と思える要素が少ないからです。

〝愛され女子〟を目指す人にとって必要なのは、理論から割り出した〝理屈〟ではなく、実際に使って実証されたノウハウではないでしょうか。

ちなみに、私は3回の結婚と3回の離婚歴を持つ子持ちのシングルマザーです。年齢は55

歳になりました。なのに、29歳年下の、26歳の最高にイケメンの彼がいます。その彼にたっぷり愛されて、毎日が本当に幸せなのです。その彼に愛されているだけではなく、周囲の男性からも大切にされ、応援され、人生で今が一番モテています。

でも最初から〝愛され女子〟だったわけではなく、私の人生は40歳までどん底でした。それが40歳の時、あるきっかけで〝愛され女子〟になるヒントを発見したのです。よく見れば世の中には、愛されるヒントがゴロゴロ転がっていることに気づき、そこから積極的に〝愛され女子〟を研究し行動を変えたところ、急激にモテはじめ、40歳で〝愛され女子〟に変身したのです。〝愛され女子〟になると、恋愛だけではなく、日常でも周囲の男性に応援されるので、仕事も順調になり、やりたかった事や夢がどんどん実現して、毎日が本当に楽しくなりました。

愛され女子の共通項とは?

「彼は欲しいけれど今は仕事が忙しくて……」。そんな話をよく聞きます。また、「気が付けば、こんな年齢になっていた……」など。仕事も恋も両方手に入れたい！　この本は、そんな、前向きで頑張っている女性、そして次のような悩みを持つ方にこそ知っていただきたい内容です。

○結婚したい
○恋人がほしい
○毎日楽しくて充実しているけれど、将来が不安
○婚活に疲れてきた
○理想の男性と出会いたい
○男性とのコミュニケーションが苦手
○実践的な恋愛テクニックを知りたい

これらの悩みは、本書で紹介する、男性心理を理解することで、半分以上解決できます。そして、男性に愛されるちょっとしたしぐさや言葉遣い、リアクションを身に付けるだけで、今すぐ解決できます。そして、誰もが憧れる男性に選ばれた吹石一恵さんや国仲涼子さん、テレビ業界で愛される水トアナさんや小泉今日子さんといった愛され女子や、職場や近所にいる身近な愛され女子のモテの秘密を解き明かしながら、解説していきます。

〝愛され女子〟に共通するのは、「オトコ心」を知っているということです。

このことを理解するだけで、あらゆる男性とのコミュニケーションがとても簡単になります。本編では、この男性の特徴から割り出した「オトコ心」の攻略法もお伝えします。オトコ心を知り、少しだけ行動を変えるだけで、すぐに〝愛され女子〟に変身します。すでに〝愛され女子〟なら今以上の最強〝愛され女子〟になり、ますます人生が輝きます。

まずは序章として、私が40歳までのどん底人生をどうやってV字回復したのかを少しだけお伝えします。ご興味ある方はお読みください。

さっさと本題に入りたい方は飛ばしていただき、第1章からの〝愛され女子〟になるための秘訣をたっぷりとお楽しみください。

「大人の色気セミナー」は、さまざまな年齢の働く女性や主婦のみなさんが全国から集まる。おかざきなな本人が愛されるための考え方や実践的なテクニックを指導

目次

第6章　永く愛されるヒント

序章　愛され女子への道のり——私がこの本を書く理由

女優発掘時代

世の中には、「若くなくて、美人じゃないのに愛される人」がいます。

逆に「若くて美人なのに、愛されない人」もいます。

なぜでしょうか？

私は子どもの頃から色黒で、ちびで、目立たない自分にコンプレックスを抱いていました。いつもみんなから注目される女の子、クラスの男子からチヤホヤされる女の子がうらやましかった。

「私もみんなから注目されて、チヤホヤされる人に生まれたかった」

そう思っていました。

高校を卒業して、女優を目指し、芸能界に入ってたくさんの女優さんたちに出会いました。女優を引退してからは、芸能プロダクションの社長として数多くの新人を発掘してプロデュースしてきました。

さらに、売れている女優さんたちと接し、「愛される女優」の「魅力」を分析するなかで、「愛されるコツ」がわかるようになったのです。

しかし、ここまで来るには長い、長～い道のりがありました。

9歳のとき、東京のごく普通のサラリーマン家庭の長女として育った私の人格に、影響を与える衝撃的な出来事がありました。ある日、4歳年下の妹と手をつないで歩いていると、向こうから大学生のお姉さんたちが近づいてきて「かわいい!!」と妹の頭を撫でたのです。

この瞬間「私はかわいくないんだ」と思い知らされました。

この日から、私は「かわいくない子はどうしたら愛されるんだろう」とずっと考え続けてきたのです。高校を卒業して芸能界に入り女優デビューをしましたが、たいした活躍もできないまま。25歳で、銀座のクラブでホステスをしていたときに知り合った資産家の二代目社長と結婚。誰もが羨む玉の輿婚でした。

しかし、夫は仕事に夢中で、新婚当初から結婚生活の充実感を感じられない毎日が続きました。3年間でふたりの子どもを産みましたが、楽しみのない生活に耐え切れず、子どもを連れて離婚しました。

28歳の私は芸能プロダクションを立ち上げ、第二の人生をスタートさせました。「子どもたちに悲しい思いをさせてまで私が選んだ人生なのだから、絶対に大きな成果をあげたい」

と、必死で頑張りました。

会社の業績はいいときも悪いときもありました。悪戦苦闘しながら荒波をしのいでいた35歳のとき、同じ芸能マネージャーの男性と出会い、2度目の結婚をしました。電子部品を販売する仕事をしていたひとり目の夫との離婚の原因は、価値観が違っていたこと。同業者であるふたり目の夫とは価値観も気も合ったので、一緒にプロダクションを大きくしていけるはずでした。それなのに、お互いが持っている価値観は少しずつ、ずれていったのです。

結婚の翌年に3人目の子どもを産みましたが、6年後に離婚——離婚の1年前、40歳のときに何気なく鏡を見て、驚きました。

まるで鬼婆のような形相がそこにあったからです！

「えーっ！　私が求めていたのはこんな私じゃない！　子どもたちに悲しい思いをさせてまで頑張ってきたのは、こんな顔の私になるためじゃない！」

仕事に追われ、夫婦関係に疲れた自分の顔を見て、泣き崩れました。

男性と戦っていた日々

28歳で最初の離婚をしてから12年間頑張ってきましたが、このとき私は大きな間違いに気がついたのです。

「私は人生を全然楽しんでない！　私の生き方は間違っている」

自分の顔を見て、そう思い知らされました。

この12年間、たくさんのセミナーやワークショップに行って、正しく生きることや成功の法則を学びました。しかし、「人生を楽しむ」ということがすっかり抜け落ちていました。知らないうちに、いつも誰かと戦う習慣がついていたのです。特に、男性とはずっと戦っていました。

「誰にも負けたくない」という感情が最初にあり、ビジネスの相手とも夫とも戦って、「負けたくない、負けたくない」と思い続けていたのです。誰かと戦う毎日を送っていて、人生が楽しいわけがありません。

もちろん、男性ともうまく付き合えませんでした。

私が楽しくなければ、当然、子どもたちも周りの人も、楽しいはずがありません。

人生を楽しむレッスンの始まり

ずっと積み重ねてきたすべてが間違っていたことを認めるのは本当につらかった。でも、認めました。戦いながら生きてきた私が負けを認め、失敗を受け入れたのです。

そして、「人生を楽しむためにどうしたらいいのか」を考えました。答えは簡単に出ました。「いままでと逆のことをすればいい」のだと。

その日から「人生を楽しむレッスン」を始めました。40年間、忙しさを握りしめてきた私にとって、「自分が楽しいことをする」ことに最初はものすごく抵抗がありました。

たとえば、無計画に街を歩くことは「ムダ」と考え、一切してきませんでした。だから、思いつきでただ街をぶらぶらするだけで楽しく、まるで映画のヒロインになったような幸せな気分になれました。

ずっと目的に向かって直進してきた私にとって、大きな変化の一歩でした。

「人生を楽しむレッスン」の成果は、日を追うごとに出てきました。

ある日、私はそれまで絶対に着なかったふわっと裾の広がった花柄のワンピースを着て『モデルウォーク』をしてみたのです。そうしたら不思議なことが起きたのです。なんとモテたのです。

そして、それをきっかけに周りからの見られ方が変わりました。

男性から食事に誘われたり、告白されたり、初めてのレストランで特別なサービスを受けたり、駅の階段で知らない男性に荷物を持っていただいたり。それまで経験したことのない「男性から女性として大切に扱われる」ことを体験したのです。

私の中身は何も変わっていないのに。

鬼婆のような自分の顔を見て泣き崩れていた私が、です。

些細なことで人生は変わるのだということを知りました。

男性に応援され始める

きっかけは、「えっ！　こんなことで?!」と思うほど小さなことです。服装と振る舞いを変えただけでモテるなんて不思議でした。

実践したのは、芸能プロダクションで女優たちに教えてきた「モデルウォーク（126ページ参照）」でした。

人に教えていたことが、自分ではできていなかったことに初めて気がつきました。

それからというもの、私は女優たちに教えていたことを思い出しながら、男性に近づくときは、大きな笑顔、高めのトーンで話しかけるなどをしてみました。すると、恋人だけでなく、周囲のあらゆる男性から大切にされ、応援されるようになり、恋愛だけでなく仕事もうまくいくようになったのです。

45歳のとき、3度目の結婚をしました。今度のお相手は著名なベストセラー作家！ 人間的に尊敬でき、優しくて包容力のある夫の愛情に包まれながら、私は女性としての喜びを感じました。その頃から、自分が芸能界で培ったノウハウを伝えるセミナーが評価され、芸能プロダクション経営からセミナー講師へと仕事もシフトしていったのです。

この頃の私は、夫とも仲よくしながら、他のたくさんの男性ともお付き合いをしていました。「彼氏が38人！」と豪語し、男性からモテることやチヤホヤされることを自慢に思っていたのです。

「オトコ心」を学ぶ

この時期、私は自分がモテることに興味を持ち、「男性はどんな女性が好きなのか」を徹底的に調べました。そのうちに「男性脳と女性脳の違い」にぶつかりました。

男性脳と女性脳、男と女の歴史などを本格的に勉強していくうちに、40歳までの私がやっていたことは、仕事も恋愛の仕方も、男性への接し方もすべてが男性脳的だったことに気がつきました。

女優のように、服装や振る舞いで女性らしさをアピールすれば、一瞬は男性にモテることができます。しかし、もっと男性の気持ちを理解して、一瞬ではなく、「一生手放したくない」と思われるのが「真に愛されること」なのだと思いました。

私は男性の立場に立って、「女性にしてほしいこと」「女性にしてほしくないこと」を研究しながら、徐々に「オトコ心」を解明していったのです。

モテのスパイラル

「真に愛されること」と、これまでに体験した偶発的な「モテ」とは「愛され度」が全然違います。偶発的な「モテ」は、一瞬のもので、恋愛関係に発展できないとわかると、男性は離れていきますが、「真に愛されること」は、恋愛関係に発展する可能性の有無にかかわらず、効力を発揮して、男性は離れていかないのです。

恋愛の相手ではない男性からもとても大切にされるようになり、仕事も順調に進み、収入も増えました。日々を楽しく過ごしているときれいになって、さらに愛されるのです。私にモテのスパイラルが訪れました。

私は今年の1月で55歳になりました。この本の執筆から二年前3回目の離婚をしたのでバツ3です。なのに人生で今が一番モテています。道で声をかけられる、デートのお誘いがある、クリスマスや誕生日にはたくさんのお花やプレゼントをいただく、去年は3人のセレブな男性からプロポーズされました。そして、誰もが羨む最高に素敵な26歳の彼との恋愛にどっぷり浸かりながら、周囲の男性からも愛されて、女性としての幸せを噛みしめています。

私が今、女性としての幸せを噛みしめることができるのは、若いからでも、美人だからでもなく、「愛されること」を理解し、「愛される」ためにすべきことを全部実践しているからなのです。

さあ、たいへんおまたせしました。愛され女子になるための、いくつかの習慣や心得を伝えていきましょう。

第1章　なぜあの人は愛されるのか？——〝愛され女子〟研究

なぜ吹石一恵は選ばれたのか？

まずは、具体的な〝愛され女子〟の例を挙げながら、愛されるコツを探っていきます。

最後の大物独身と言われた福山雅治をゲットした女優の吹石一恵さん、美人やセクシーな独身の女優が数いるなかで、美人とはいえ、それほど目立つ存在でもない吹石さんが、福山さんの「お嫁さん」に選ばれたのは、なぜでしょうか？

吹石一恵さんの愛されポイント

①自立している
赤ちゃんモデルとしてデビューして以来、大きな浮き沈みもなく常にマイペースで活躍している。自分らしさを持ち、男性に媚びない大人の女性として自立している。
②凜としている
ユニクロのCMでの美しいバストラインが印象的。しかし、歩き方やしぐさが直線的なのでセクシーというより、むしろ健康的で凜とした、ぶれない生き方を感じさせる。
③芯の強さ

流行に左右されることのないファッション、太い眉、カラーリングしない艶のある黒髪。大きな黒い瞳がより信頼感と内面の芯の強さを感じさせる。

忙しい男性にとって「結婚したい」と思うのは、夫が仕事で忙しくてもさみしがらず、そして、夫に依存することなく、マイペースな女性です。吹石さんがほかの女性たちを差し置いて福山さんに選ばれた理由は、「媚びない自立した女性」だからです。

なぜ国仲涼子はモテ男を射止めたのか？

ＮＨＫ朝ドラ『ちゅらさん』で脚光を浴びた国仲涼子さんが、「結婚したい男性芸能人」（「マイナビウーマン」２０１４年）で人気ナンバーワンの向井理さんと結婚！ そんなモテ男に結婚を決意させたのは、何だったのでしょうか？

国仲涼子さんの愛されポイント

①努力家

子どもの頃からそろばん、習字、バドミントンなどの習い事をし、中学校では3年間陸上部の短距離ランナー。高校は商業科に進み、さまざまな検定を受けつつ、ぜんざい屋のアルバイトを3年間続けるなど、自分の興味や目標に向かう努力を惜しまない。

②健康美

沖縄育ちを絵に描いたような健康美。美肌で、笑うと頬骨が高いことが、さらに健康的な印象を与える。

③自由奔放で男性が放っておけない

過去には複数の有名芸能人との熱愛が報道されている。ある男性とは、遊園地で、別の男性とは居酒屋デートを、また別の男性とは渋谷界隈を散歩しているところを目撃されているが、自由奔放にふるまい、周りを気にしない。

長い人生を、ずーっと夫や家族を支えてくれそうな「努力家」で「健康」、そして「自由奔放」なところが、男性をハラハラさせて、手放したくないと思わせた理由です。

なぜ綾瀬はるかは愛されるのか?

「恋人にしたい女性有名人ランキング」(「ORICON　STYLE」2015年)第1位

に輝く、女優の綾瀬はるかさん。彼女の愛されポイントを見ていきましょう。

綾瀬はるかさんの愛されポイント

①童顔

童顔で、普段は清純なイメージなのに、グラビアで見せる抜群のプロポーション。まさに世の男性が描く理想の彼女像にぴたりと当てはまる。

②天然キャラ

テレビ番組の司会をしている最中にコメントを忘れてボーッとしていたり、感情丸出しで大泣きする天然っぷり。

③抜け感

ゆるふわの見た目、バラエティ番組での的はずれなコメント、まったく似ていないモノマネをするなど、抜け感が愛くるしい。

かつての偉大なる20世紀の大スター、マリリン・モンローも「抜け感」で愛された女優の典型。常に口を半開きにしていたり、ヒップを揺らして歩く有名なモンローウォークなどで、「抜け感」を演出して愛されていました。綾瀬はるかさんは、マリリンの「セックスシンボル」のキャラとは真逆ですが、よく見比べると体型や表情など共通する点があり、それが世の男性の妄想を掻き立て愛されるのです。

なぜYOUは50代でも愛されるのか？

男性は完璧な女性より、スキのある女性に好意を持ちます。50代でもかわいいYOUさんは、あえて、未完成なところ、ズレ、抜け、スキをアピールして愛されています。

YOUさんの愛されポイント

①ズレ

スリムなカラダにアンバランスなボリュームのあるヘアスタイル。トップにボリュームを持たせながら、前髪を不自然に垂らし「寝癖？」と感じさせるルーズ感。

②抜け

ぷるっとした厚みのある唇から発せられる声が思いのほかハスキーなのに、舌足らずの幼い話し方、バラエティ番組での無邪気な天然発言。

③スキ

ＹＯＵさんは、ご自身でもお酒と若い男性が好きとさらっと言ってのけてしまう。そして「朝まで飲み明かしちゃった」とか「10代の男性でもＯＫよ！」など、スキのある女アピールで、男性の期待感を搔き立てる。

アンニュイな雰囲気と肉食女子発言のギャップも、さらに「スキ感」を高めるので、50代でもＹＯＵさんは愛されているのです。

なぜ小泉今日子は〝愛され続ける〟のか？

永遠のアイドル小泉今日子さんは現在50歳。ですが、デビューから34年経っても、いまだにアイドルとして輝き、愛され続けています。

キョンキョンの愛されポイント

①笑顔

いつもニコニコしている。笑顔はダイヤモンドスマイル！（１１６ページ参照）口角が左右対称にキュッと上がり、前歯が見え、頬骨の位置が高い。頬骨の位置が高い顔に、まわりの人は安心感や信頼感、親しみやすさを感じる。

②若々しさ

スリムなプロポーション、高くハリのある声、リアクションが大きい女性は、健康的で元気なエネルギーを感じさせる。

③イメージが変わらない

「結婚する前はスリムでかわいかった妻が、何年か経つと中年太り……」。出会った時のまま変わらずにいてほしかったというのが男性の本音。タレントも、年齢とともにイメージが変わり、久しぶりにかつてのアイドルがテレビに出演しても、あまりのイメージの違いに誰だか思い出せず、やがて「昔はかわいかったのに、こんなオバサンになっちゃったんだ」とびっくりすることがある。しかし、多少体型に丸みが出てきたものの、キョンキョンは、今でもキョンキョン。母親役をやっても、キャリアウーマン役をやってもキョンキョン！ 34年もの間、「キョンキョン」のままでいるということは、この先も変わらないという「保証」。このイメージが変わらない安心感が、キョンキョンが愛される理由。

なぜマツコ・デラックスは毒舌なのに愛されるのか？

いまや芸能界で一番の売れっ子といっても過言ではないマツコ・デラックスさんは、リアクションが大きくサービス精神にあふれているほかの女装家とは真逆で、いつもブスッと怒っているような表情で毒舌です。なのに、なぜ愛されるのか？

マツコさんの愛されポイント

①目立つ
巨体＋女装で圧倒的な存在感でとにかく目立つ。芸能界にかぎらず地球上の人間の中でもオンリーワンキャラクターと言えるほど外見のインパクトがある。
②品格
肌がきれい、メイクが完璧、言葉遣いや話し方、声の出し方が丁寧。知性と教養あるコメントに品格を感じる。
③ギャップ
穏やかに話していたかと思うと、何かの拍子に突然、「テメーこの野郎！」と悪態をつ

く。かと思えば「でもアタシ、あんたのこと嫌いじゃないわ」など甘い声でフォローする。

④相手を立てる

私が以前『スタードラフト会議』という番組でマツコさんにお会いしたとき、私の「セクシーメソッド」に対して「お前！ 何やらせてるんだよ！」と怒鳴って笑いをとったあとに、「さすがだわ、本当にすばらしいです」とフォロー。私は「なんて優しい方なんだろう」と感激。

マツコさんが出演される『アウト×デラックス』には2回出演させていただきましたが、2回目の出演のとき「あら、おかざき先生ってそんなキャラでしたっけ？ ちょっと何ですか、そのお衣装。せっかくだからぐるっと回ってお見せしなさいよ」と背中が大きく開いた私の衣装をいじりながら、さりげなく私を持ち上げてくださり、緊張している私の気持ちを和らげてくださいました。

マツコさんの愛されポイントは、外見、毒舌やコメントのおもしろさ、知性と教養などいろいろありますが、最大の愛されポイントは「相手を立てる力」なのです。

なぜ松本伊代は不器用なのに夫に愛されるのか？

結婚して20年あまり、年齢も50歳を過ぎたのに、松本伊代さんは、夫であるヒロミさんに愛され続けています。料理や家事が苦手で不器用でも、伊代さんが愛されるのはなぜでしょうか？

松本伊代さんが愛されるポイント

①夫に合わせる

ふたりで一緒によく遊ぶ。ゴルフ、射的、登山などヒロミさんの趣味に合わせたり、週に1回はふたりで朝カフェをするとか。子どもがいるとつい夫に付き合うのが面倒になりがちだが、提案されるままにヒロミさんに合わせている。ヒロミさんの「ママ、好きだよ」などの甘え言葉に「私もよ、ダーリン」と合わせたり、少女のような無邪気さがある。

②黙って見守る

10年間も芸能界から離れていたヒロミさんに対して、一言の文句も言わず、アドバイスもせず、ヒロミさん曰く「好きにさせてくれた」とのこと。また、ヒロミさんのちょっと怪しい行動に対しても寛大。

夫のペースや趣味に合わせ、決して文句を言わず、無邪気に従うから、伊代さんは愛されるのです。

なぜ水卜《みうら》アナは地味なのに愛されるのか?

日本テレビのアナウンサー、水卜麻美さんは、ほかの女子アナの持つ華やかさがないにもかかわらず、「水卜《みと》ちゃん」と愛称で呼ばれ、「好きな女性アナウンサーランキング」(「ORICON STYLE」)では、2013年から2015年まで3年連続で1位を獲得。お茶の間の人気者として愛されています。

水卜アナの愛されポイント

①おいしそうに食べる

食べものを見ると瞳を輝かせ「おいしそう!」と仕事を忘れ豪快に食べる。口いっぱい頬張り、もぐもぐと食べる姿が健康的。

②飾らない人柄
ニュース原稿の読み方は完璧で、常に一生懸命。反面、感極まると本番中なのに顔をぐちゃぐちゃにして子どものように泣いてしまう、など自然体。喜怒哀楽の感情表現が豊か。
③マシュマロ体型
丸顔、ぽっちゃりした体型、ふわっとしたどこか垢抜けないファッションセンスも、近づきやすさと安心感を与えている。

素直で、どんなことにも一生懸命に取り組む姿、ちょっぴり抜けている天然さ、ぱくぱく食べて健康的。どんな場面でも、飾らない人柄、とにかく明るい姿が今までの女子アナにないキャラクターとして絶大な人気を集めたのです。

なぜ壇蜜はあざといのに愛されるのか？

数年前に大ブレイクして、いまだに人気の壇蜜さんは、美人で聡明でセクシーですが、それが愛されポイントではありません。それだけでは若いグラビアタレントが出てきたらすぐにポジションを奪われてしまいます。壇蜜さんの愛されポイントは、どこにあるのでしょうか？

壇蜜さんの愛されポイント

①サービス精神

グラビア雑誌では、大胆なきわどいポーズ。テレビでは「はぁはぁさせたい」などストレートな表現で男性の願望を満たす。「そこまでやるの?!」と思うくらい、徹底したサービス精神。

②奥ゆかしさ

ゆっくり動いたり、表情を変えなかったり、派手なネイルをせず爪を短くしているなど、どこか昭和の奥ゆかしい女性を思わせるたたずまい。

③言葉遣い

男性を「殿方」と言ったり、「宜しくお願いします」を「今後お見知り置きを」と言い換えたり、男性が女性に求める控えめな姿「3歩下がってついてくる」的な、けなげさを醸し出している。

あの「わかりやすさ」と「徹底したサービス精神」が壇蜜さんの愛される理由なのです。

なぜ大久保佳代子は美人でもないのに愛されるのか？

女性芸人でいまもっとも人気のあるのが、大久保佳代子さんではないでしょうか。レギュラー番組を9本持ち、2014年にはエッセイ集『美女のたしなみ』(徳間文庫)も出版されました。

現在44歳の大久保さん。彼女は美人でもないのにかなりモテるのです。それはなぜでしょうか？

実は大久保さんはめちゃめちゃ癒やしキャラなんです。

大久保佳代子さんの愛されポイント

①メイクが薄い

女性が「メイクしてます！　私、頑張ってます！」という感じで、つけまつげやカラーコンタクトレンズのバリバリメイクしていると男性は疲れる。

男性はとにかく「ナチュラル」が大好き。大久保さんの家庭的な「普段着メイク」に男性は癒やされる。

②落ち着き

どんなときもテンションが一定なので男性は安心でき、リラックスして付き合え、本音で話すことができる。

男性は、誰にも話せない本音トークをすることで心を開き、その居心地のよさからそばを離れられなくなる。

③相手の立場や気持ちを理解できる

大久保さんは、いまでこそテレビで見ない日がないほどの人気者だが、ブレイクしたのは数年前。売れるまでの14年間は生活のためにOLを兼業していた。女性芸人の仕事とOLの両立には、たくさんの苦労があったはず。それを耐えぬいてきた彼女だから、人の苦しみや悲しみ、相手の立場や気持ちが理解できる。

私も以前、大久保さんの番組にゲストとして呼んでいただいたが、楽屋でも放送中でも態度や雰囲気が変わらない。

タレントとしては新人の私に対しても大久保さんは「私は気を遣っていないから、あなたも気を遣わなくていいよ」という雰囲気をつくってくれたので、ご近所の顔見知りと一緒にいるみたいにリラックスすることができた。

大久保さんは、きちんとメイクしたら美人で、プロポーションもいい！　なのに、あえてそれをアピールせず、ブサイクキャラを演じ、安心感を与えているのです。

そして、落ち着きがあり飾らない、相手を理解する癒やしキャラだから、大久保さんは愛されるのです。

以上が〝愛され女子〟の具体例でした。

男性に敬遠される女性の要素と言われるものに「ブサイク」「デブ」「年増」「人妻」などがあります。しかし、世の中には、「ブサイクなのに愛される人」「太っているのに愛される人」「40歳を超えているのに愛される人」「人妻なのに愛される人」「ブサイクで太っていて40歳以上で人妻なのに愛され続ける人」もいるのです。

その逆で、20代で美人なのに愛されない人もいます。つまり、美人で若いことは愛される要素ではあるけれど、絶対条件ではないということです。

永遠の愛され女子——浅倉南、峰不二子、メーテル

どんなに時代が変わっても、ずっと愛され続ける人がいます。

ここで、永遠の愛され女子を紹介したいと思います。

ひとり目は、『タッチ』の浅倉南。

ふたり目は、『ルパン三世』の峰不二子。

3人目が、『銀河鉄道999』のメーテル。

なんだ、漫画やアニメーションの世界の話じゃないかと思った人もいるでしょうが、アニメやコミックに登場するヒロインたちは、つくり手や読者が思い描く理想の姿。あらゆる魅力をふんだんに盛り込みまくった、愛され女子のモデルケースなのです。

これまでいろいろなアニメやコミックが登場しましたが、この3人の人気は、いくら時代が変わっても不動です。

男性の心をつかんで離さないのは、単に「美人だから」ではないのです。

献身的で一途な浅倉南

あだち充さんの漫画『タッチ』に登場する浅倉南は、若くて美人、清潔感があり、スタイルも性格も頭もよく、おまけにスポーツ万能で、愛され要素満載です。

しかし、彼女が愛される理由は、美人であることや頭がいいことではなく、どこまでも好きな人を信じ支え続ける一途さにあります。

自らの夢をひとりの男に託し、自分は待つのみ。彼がまだ少年だった頃から、挫折したときも、心が揺らいだときも、信じ、許し、支え続けます。そんな彼女の姿に、男性は理想の女性像を見るのです。

南ちゃんは、男性が挫《くじ》けそうになったときに、文句を言ったり忠告したりせず、黙ってニコニコしながら「あなたならできる！」というメッセージを送り、男性を奮い立たせるのです。

私が芸能プロダクションを経営していたとき、新人の発掘をスカウトマンに依頼することがありましたが、そのときには「まだ世の中には出ていないスターの原石を探して！」とお願いしていました。

何を基準に「売れるかどうか」を判断するかというと、じつは確実に売れるキャラがあるのです。

私たちが一番に目をつけるのは童顔でEカップ。これがもっとも売れる女性タレントの条件です。なぜかというと、男性は、その女性にとっての「初めての男」になりたいという欲求があるから。

「こいつにとってオレが初めての男」

これが何より男性の自尊心を満たすことなのです。男性は、汚れていない処女性を感じさせるタイプを求めます。だから、スカウトマンには、「抱きたい女」でも「彼女にしたいタイプ」でもなく、「妹にしたい女性」を探してもらうようにしました。そうするとタイプはだいたい決まってきます。

顔は童顔、胸はEカップ。どぎついメイクをしていません。

髪は、パーマやカラーリングをしていないナチュラルなバージンヘア。

無垢で一途な性格。でもカラダは秘かに成熟していて、何かのときにそれが感じられる。

これは、男性が女性に持つ永遠の憧れ。

南ちゃんが、いまでも彼女にしたいキャラクターナンバーワンに選ばれるのは、彼女が「童顔Eカップ」「永遠の処女性」、「一途さ」の3つの愛されポイントを強調しているからです。

元祖小悪魔・峰不二子

『ルパン三世』に登場する美女、峰不二子は男性が恋人にしたいキャラクターでつねに上位にランクインしています。

恋愛本に「小悪魔テクニック」が登場しますが、まさに不二子はその使い手。「元祖小悪魔」と言えるでしょう。

不二子の魅力は、あのプロポーション。身長167センチ、体重50キロ、バスト99、ウエスト55、ヒップ88センチ。セクシーボディを悩殺ファッションで惜しげもなくさらして、一瞬で男性の目線を釘付けにします。

また、男性を引き寄せておきながら、とってもクール。ツンとした上から目線で、男性に媚びることなく自分の夢や欲しいものに向かって貪欲にチャレンジしていくのです。

その一方で、自分が困ったときや助けが欲しいときは態度を一変。一切の躊躇なく、男に甘えて男の力を借りるいさぎよさがあります。

そして、不二子は言葉遣いがきれいで態度に品があります。それでいて男性が喜ぶセクシーなしぐさやポーズを知っていて、それを意識的に使っています。

わがままで移り気なのに甘え上手という小悪魔キャラでありながら、自分の夢や目標に向かってチャレンジしていく芯の強さに男性は、「自立した大人の女の魅力」を感じ、クラクラするのです。

不二子は、オトコ心を理解し、男性が喜ぶしぐさやポーズ、声の使い方、言葉の使い方を徹底的に実践し、愛されているのです。

温かみを感じる謎の女メーテル

切れ長の目と長いまつげが印象的な『銀河鉄道９９９』のヒロイン・メーテルは、落ち着きのある優しい性格で、母性的な雰囲気を持っています。

果てしない永遠の旅を続ける彼女の姿に、男性は健気さを感じ、「放っておけない」「守ってやりたい」と思うのです。いつも落ち着いていて、頭もよく、陰で支えてくれそうな母性と神秘性。そして無口なことが、彼女の魅力をさらに演出しています。女性が本来持つ優しさを体現しているのがメーテルなのです。

見た目では、なんといっても、風になびくあのサラサラの超ロングヘアです。髪は女性のシンボル。ストレートのロングヘアは男性の憧れです。

メーテルの長い艶髪が風に揺れるたびに、ふわっとシャンプーの香りがしてきそうで、清潔な色気を感じさせています。

また、メーテルの目の動かし方は最上級の「愛されポイント」です。長いまつげを揺らしながら潤んだ瞳でじーっと相手を見つめる姿は、百万回の言葉よりも多くのことを伝えます。無口なメーテルに切れ長の目でじっと見つめられれば、男性は「何でもしてあげたい」と思ってしまうのです。

さらに焦点をぼかすような視線で、わざとバランスを崩し、スキをつくり、ゆったりと話します。動きも落ちついていて、静かな印象です。そこがまた、男性の心を癒やすのです。

もしも峰不二子が猫背だったら？

ここで挙げた3人は、3人とも美人です。漫画のキャラクターだから当然かもしれません。でも、その見た目以上に、重要な愛されポイントが彼女たちには含まれています。

もしも、浅倉南が「への字口」で文句ばかり言っていたら？

もしも、峰不二子が猫背で、がに股だったら？

もしも、メーテルがキンキン声で早口だったら？

この3人は愛されたでしょうか？


南ちゃんがいくらかわいくても、「への字口」で文句ばかり言っていたら達也から愛されることはなかったでしょう。

不二子がいくら巨乳でスタイルがよくても、猫背、がに股ではセクシーには見えません。当然、ルパンには見向きもされないでしょう。彼女の言葉遣いや品のあるしぐさは、背筋がピッと伸びているから、際立つのです。

キンキン声で早口のメーテルは、もうメーテルではありません。どんなに素敵な流し目を送っても、シャカシャカ動く彼女なら、神秘性のカケラも感じられません。

男性を引きつけるのは、姿勢と立ち居振る舞いとしぐさです。それに「優しさ」「一途さ」を加えていくと、〝愛される女子〟になるのです。

猫背、がに股の〝愛される女子〟はいません。

いつもブスッとして、相手と目も合わせないで、笑わない人も絶対に愛されません。

どんな時も、品のある立ち居振る舞いとしぐさ、男性の自尊心を満たす言葉と女性らしい接し方が〝愛され女子〟の要素なのです。

愛され女子の特徴

以前、独身男性を対照に、「気がつけば愛している女性の特徴」をリサーチしてみました。結果は次の通りです。

○品のある立ち居振る舞い
○女らしいしぐさ
○オシャレ
○笑顔がかわいい
○目ヂカラがある
○芯がある生き方
○夢を持っている
○男性をやる気にさせる

○男性を立てる
○向上心がある
○料理が上手

反対に、男性が距離をおきたくなる女性の特徴はこれだけあります!

○不潔
○無愛想
○言葉遣いが汚い
○挨拶しない
○おしゃべり
○だらしない
○ヒステリック
○ノーメイク
○自己中心的

○嫉妬深い
○金遣いが荒い
○厚かましい
○髪がパサパサ
○服のセンスが悪い
○家事をしない

この2つの結果から、男性が女性に求めていることが見えてきます。愛される女性には、愛される理由があるのです。

身近な愛され女子

ある合コンパーティーに、ものすごい愛され女子が登場しました。

年齢は25～40歳の男性20人、女性20人が集まったそのパーティーで、開始からものの5分と経たないうちに、ひとりの女性が男性たちに取り囲まれたのです。

自己紹介を始めてもいないので、女性の性格や年齢など何の情報もありません。

その女性の特徴は、見た目年齢28歳、独身、童顔、身長が158センチくらい、スタイルはまあまあ、胸はEカップくらい、おしゃれ、華やか、気が利く、ニコニコして無口でした。

この女性がなぜ注目を集めたのか、分析してみました。

○見た目年齢28歳：肌もボディラインも一番輝いている年齢
○童顔、身長158センチくらい、スタイルはまあまあ：ちょっとかわいくて、身長も低いほうがスキを感じて近づきやすい
○胸がEカップくらい：男性はやわらかそうな胸が好き。Fカップ以上あると、セックスの対象、遊びの相手と軽く見えがち。「大きすぎず小さすぎず、やわらかそう」がベスト
○おしゃれ：おしゃれであることが女性らしさと映る
○華やか：華やか＝目立つ＝いい女。男性はいい女を連れて歩きたい
○気が利く：細かなことに気がつくのは女性らしい、育ちがいいと思われる
○ニコニコしていて無口：ニコニコしているだけで性格がいいと判断される。訊《き》かれたこ

とには答えるが、それ以外は、ニコニコしてだまっていてくれると男性には心地よい。微笑んでいるだけで聞き上手、褒め上手と思われる

男性が近づきやすい女らしい外見と、安心感を与えつつ、ニコニコ無口！　男性はこれでイチコロです。

しかもこの「ニコニコ無口」は、パーティーの間中、すべての男性に（イケてない男性に対しても）平等に送られていました。彼女は男性に愛されるすべての特徴を持ち合わせた〝愛され女子〟でした。

スタバの店員さんに学ぶ

私たちが普段の生活でよく接するのが、コーヒーショップの店員さん。特に、スターバックス（以下スタバ）の女性店員さんからは、いつもいい印象を受けます。スタイルや容姿のよし悪しはさまざまですが、みなさんとてもかわいく見えます。

サービスの質という部分では、一流ホテルのホテルマンやCA（キャビンアテンダント）のほうが圧倒的に上なのでしょうが、スタバの店員さんからそれ以上のいい印象を受けるの

はなぜでしょうか。

当たり前のサービスを当たり前に受けることは、心地いいけど、感動はありません。当たり前のサービスに何かが加わったりすると、心が動くものなのです。

特に男性は完璧なCAのサービスよりも、スタバの店員さんのぎこちないけれどフレンドリーな笑顔や、マニュアルにない「いってらっしゃいませ」などのひと言、コーヒーカップに名前やメッセージを書いてくれるサービスに心をつかまれるのです。

外国人男性が連れている「ちょっとブス」な日本人女性

一方、いつの世も、なぜあの人が愛されるの？　と思える女性たちもいます。

ひとつが、外国人男性が連れている日本人女性。イケメンの外国人男性が連れている日本人女性を見て「?!」となったことはありませんか？

そんな彼女たちは、美人ではないけれど胸が大きかったり、足がすごくきれいだったり。顔は「ちょっとブス」だけど、目ヂカラが強かったり、ロングの黒髪が艶々していたり。遠くからでも〝目立つ〟要素を絶対に持っています。

地味か派手かといったら、派手！　派手な要素をスタイル以外のところで細かく見ていくと、ひとつはリアクションが大きいこと。相槌の打ち方がはっきりしています。声も大きいし、表情も豊か、身振り手振りが大きい。服装も原色が多くて、肌の露出も激しい。まず、胸の谷間は見せているし、足も出しています。

私の観察では、日本人女性は一年中、肌の7割が布に覆われています。それに対して、彼女たちの露出度は、「布1：肌2」の割合。

当然、肩と腕、デコルテを出す。スカートは膝上15センチというのが鉄板のスタイル。ほかにも、背中を出したり、お腹を見せたり、いろいろな工夫をして、その割合を作っています。「ちょっとブス」でもとにかくオンナをアピールすることが、外国人男性に愛される要素なのです。

ブスでも明るく元気なら愛される

そしてもうひとつ。なぜあの人がモテるの？　という疑問を抱いたのは中学・高校生時代。思い出してみてください。顔はたいしてかわいくないのに、男子にモテる女子がいましたよね？　「ちょっとブス」だけど表現力が豊かで、明るく元気で、声が大きい女子が男子の一番人気だったりします。

目立たない子が地味なままだとますますモテない。ルックスはいまひとつでも堂々と自己主張する子は人気者になります。

制服のある学校なら、同じ制服を着ているという状況は、本当なら差が生まれにくいもの。細かい規則で縛られているならば、なおさらです。みんな同じ条件のなか、明るく元気で目立つ子が愛されるのです。

以上がなぜか愛される女性たちの特徴でした。

忙しくて、面倒くさがりの男性が増えている今だからこそ、わかりやすく目立つことが大切。草食男子にもすぐに「見つけられる」ように、自分をアピールすることが、愛され女子の重要なポイントになります。

第2章　男が恋に落ちる時――「オトコ心」分析

男が女を選ぶ基準

第1章では「愛され女子」の特徴を分析しました。

この章では、「男性が一瞬で恋に落ちる」ときの心理と本能について伝えます。女性が考える男性心理と、実際の男性の心の中がまったく違うことに驚くかもしれません。

まず、男性と女性は別の生き物だと割り切ることが大事です。

男性の特徴は、「視覚で判断する」「動くものに敏感」「一点集中」「闘争心を持つ」「自尊心が強い」「考え方が単純」というもの。これは、すべて獲物を捕るために役に立つ能力なのです。

だから男性は、女性を視覚で判断する（女性がニコニコしていると自分に気があると判断する）、動くものに敏感（女性のリアクションが大きいと反応する）、一点集中（同時にふたつのことができない、仕事をしているとメールの返信を忘れる）、闘争心を持つ（奪いたい、勝ちたい）、自尊心が強い（カッコつけたい、認められたい）、単純（褒められると喜ぶ、すぐ忘れる）などの特徴があります。

女性は、相手がニコニコしているだけで自分を好きだなんて判断しないし、誰かと会話していても、ランチに何を食べようかと同時に2つのことを考えられるし、メールを送ったり、送られたりしたことも覚えている。自分と同じように男性を見てしまうと、男性がちょっとしたことですぐ喧嘩したり、約束を忘れたり、ゲームやサッカーなどに夢中になるという単純さが理解できないのです。男と女は別の生き物だから、頭であれこれ男性の心の中を詮索しても、あまり意味がないのです。

「草食男子」なんていない

男性が恋愛に対し積極的でなくなったと指摘されるようになって、かなり時間が経ちます。女性に対して金銭的にカッコつける人も減ってきて、割り勘も当たり前。「男だからこうしなければ」という男気が少なくなったのは事実です。

ただ、メディアで取り上げられるほどではないと私は感じています。最近の男性は女性に対してガツガツしない印象を受けますが、それは表面だけ。ひと皮むけば男は男！

男性が「草食」化したと言われる原因は、オス化した女性が増えたからです。オス化とは、しぐさや考え方が男性とあまり変わらないものになることです。飢えたオスオカミだって、オスのように見えるメスには飛びつきません。

女性らしいしぐさと考え方でいれば、「草食」に見える男性も「肉食」にもどるのです。「意中の彼が私を誘ってくれない」のは、オス化しているあなたに後ずさりしているからかもしれません。

女性が魅力をアピールした時代

女性のオス化は、ファッションの流行も影響しています。ゆるっとしたニット、パンツにスニーカー。ボディラインがわかりづらいファッションが主流です。

1980年代後半から90年代初頭に、バブルと言われる時代がありました。男性はDCブランドのスーツに身を包み、女性はワンレン、ボディコン（いまではもう死語でしょうか）。今から見れば画一的で滑稽な感じはしますが、男性が「男らしさ」を、女性が「女らしさ」を存分にアピールしていました。ディスコ（これも死語？）のお立ち台で扇子を振る女性が、男性の視線を集めていた時代――男と女の本質的な姿がありました。

胸の谷間、ウエストのくびれ、ヒップを強調したタイトなミニワンピ。真っ赤なルージュにロングヘアをなびかせ「私を見て！」と言わんばかりに、女性が堂々と魅力をアピールして、男性は女性の気を引くために精一杯カッコつけていました。オーダースーツを着て、高級ブランドの時計をつけて、いい車に乗っている自分を「どうだ？」とアピールしていました。男女の役割がわかりやすい、最後の時代だったのかもしれません。

わかりやすさを好む

男性は女性にくらべて視覚優位。無意識に女性の外見を見て「いい女」と「それ以外」に振り分けています。出会いを求めるならば、まずは目に留めてもらうことが大事。

女性としての「素材」、つまり身長や顔立ちは変えることができませんが、しぐさ、ふるまい、ファッションやメイク、ヘアスタイルで、男性を惹きつけることはできます。

「人は見た目じゃない、中身だから」と、外見を取りつくろうことをネガティブに思う人や、「私は優しいから」「性格がいいから」と目に見えない内面で勝負しようとする人もいますが、見た目で判断する男性にとって、女性の外見は重要。素晴らしい中身を知ってもらうためにも、まずは見た目で惹きつけることが大事です。

「わかりやすく、男性に好まれる外見」づくりがポイントです。

「オレのこと好きなの?」と思わせたら勝ち

男性は「手に入れられるものを欲しがる」もの。「オレのこと好きなんじゃないの?」と思わせてくれる女性に手を出します。動物のオスとして、手に入りそうな女性を目の前にすると、思考ではなくて、本能で欲しくなるのです。だから、その男性と付き合いたいと思うなら、「好き!」とアピールすればいい。すぐ付き合えるかどうかはさておき、ふたりの距離は間違いなく近づきます。

先日、知り合いの男性から、こんな話を聞きました。

「長年付き合っている彼女がいるのに、職場の女性がオレといるといつも楽しそうだから、冗談で『オレのこと、好きでしょ?』と聞いたら、彼女に『好きです!』と返されて。それから意識しちゃって、恋人といても、その女性のことばかり考えちゃって……」

その後、彼は彼女と別れて、その女性と付き合うことになりました。冗談でも本気でも、女性に「好きです」と言われたら、男性の気持ちがそわそわするのは当たり前。男は単純なので、ちょっと気になる人がいたら、素直に「好き!」という気持ちをアピールしてみましょう。あっさり距離が近づきます。

自尊心を満たす女性を求める

私は、たとえ相手の男性が年下でも、年上のように接します。男性は、女性の保護下に置かれたり、甘やかされたりするのを嫌がる生き物だからです。

最近は、デートのとき、割り勘にするという話をよく聞きます。ホテル代も割り勘というからびっくりです。お金は、男性にとって権力の象徴。だから、デート代は基本的に男性に「払っていただくべき」というのが、私の考え。彼氏の収入がないから女性が貢ぐという話もよく聞きますが、「私が面倒をみる」素振りは見せてはいけません。ダメな男性は、ますます弱くなってしまいますから。

女性がお金を払った瞬間から、男性の自尊心は満たされなくなります。ネガティブな感情を別の何かで満たそうとするので、恋愛がうまくいかなくなる。恋愛だけではなくて、あらゆるコミュニケーションがおかしくなります。

男性に悪いからと、お財布を出すフリをする人もいますが、私は一切払う素振りもしません。仕事の打ち合わせなら別ですが、デートなら、男性に出してもらうべきです。

デートでなくても、ただの男友達でも、お茶やランチなら、私は「甘えてもいい？」「ごちそうしてくれる?」とお願いするようにしています。「ごちそうさま〜。すごくおいしかった♡」と言うことで男性の自尊心が満たされるので、男性にとっても安いものです。ついでに、「こんなにおいしいお店、知ってたんだ! さすが!」とひと言加えるだけで、男性は大いに喜んでくれます。

「おねだり」に弱い

私が初めて男性にお小遣いをねだった日のエピソードをご紹介します。

あるイベント会場で、ふと「見ず知らずの男性におねだりしても、きっと応じてくれるに違いない」と思いつき、試してみようと思いました。そこで会場を見回して、見ず知らずの男性に近づき、「こんにちは、楽しいイベントですね!」と満面の『ダイヤモンドスマイル』(116ページ参照)で、こう言ってみたのです。

「今日、私、お財布を忘れたので、お金をいただけませんか?」

そして、じっと見つめました。そうしたら、何の躊躇もせず5000円をくれたのです。

その後、会場で顔を合わせるたびに、「さっきはありがとう。あのお金でコーヒー買っちゃった」などと言うと、愛人をひとり世話しているみたいな感覚なのか、本当にうれしそうな顔をするので、私は「いいことしたなぁ」と思いました。

ひとりだけでは実証結果として弱いので、もうひとり、試してみることにしました。アクセサリー売り場の前に立っている若い男性に「このネックレス、かわいいですね！　買ってもらっていいですか」と声をかけてみたら、少し不思議そうな顔をしましたが、すぐに「いいですよ」と言って、８０００円のネックレスを買ってくださいました。このふたりとは連絡先も交換せず。その場限り。

お金に対する見返りは「笑顔」と「ありがとう」の言葉だけ。男性は、相手が奥さんや彼女でなくても、女性から〝かわいく〟ねだられるのはうれしいのです。この実験で、女性は「笑顔」で「ありがとう」が言えれば、生きていけることがわかりました。

お正月の新年会では知り合いの男性にお年玉をねだります。元ダンナにもお小遣いをねだります。もちろんいまの彼にも！　相手がお金持ちでも貧しくても関係なく、タイミングや相手の状況や感情がわかり、男性を王様のような気分に持ち上げられる女性が貢がれ上手になります。

オトコ心は「おねだり」に弱いことを覚えておきましょう。

〝命令〟より〝お願い〟

合コンでせっせと料理を取り分ける女性がいます。それよりも、男性に「取り分けて〜」とお願いし、それを褒めてあげるほうが、男性の自尊心をくすぐり、効果的。「すごく上手」「気が利くんだね」「仕事ができるって感じ」と褒める。男性は女性に頼られたいと思っているので〝お願い〟するそのチャンスを逃さないこと。

日頃から私は、男性に対して特に気をつけていることがあります。それは、男性に「アドバイスしない」「教えない」「命令しない」です。男性は命令されるのが大嫌いだからです。「男性が取り分けるものよ！」と当然のように伝えたら、男性は命令ととらえ不快に思います。ニコニコしながら、「ねえ、取り分けてほしいな〜、お願い！」と言えば、命令ではなくてお願いになります。

たとえば、

「ねえ、この仕事、手伝って！　お願い」

「ねえ、たまには旅行に連れてって！　お願い」

これでいいのです。

難しいことは考えない

お付き合いをしているはずの男性に「付き合ってと言われていない」と嘆く女性がいます。すでに何度もデートを重ねて、彼は自分に明らかに好意を持っているにもかかわらず「付き合ってください」という言葉がない。言葉がない限り「カラダの関係はお付き合いが始まってから」と言う人がいます。私からすると、「はあ?!」という感じ。

言葉による「契約」が欲しい気持ちはわからなくはありませんが、ティーンエイジャーでもあるまいし、大人の男女がいちいち「付き合ってください」なんて言わなくたっていいじゃないですか！　たとえ「付き合って」と言わせたところで、長期的な恋愛関係が約束されるわけではないので、その告白には何の意味もありません。

「彼の気持ちが知りたい」と言う人もいます。けれど、男性はあまり難しいことや未来のことは考えていません。男性は、その女性と一緒にいて居心地がいいからそばにいるのです。「付き合ってください」なんて言葉には、意味はないのです。

女性を思う気持ちがより強くなれば、態度で、その思いが伝わるはずです。

すべての男は浮気する

「男は浮気する生き物」とよく言われるけれど、実際はどうなのでしょうか?
あるグループが300人以上の男性に浮気経験や、そのきっかけをリサーチしたところ、なんと6割以上の男性が浮気経験アリと回答! また浮気の定義は年齢別で若干違うようで、20代では「パートナーに内緒で2人で会う」も浮気と考えるけれど、30代以上になると「それ以上」が一気に増加し、「キスは浮気に入らない」と考える男性の割合が増えています。40代は、なんと、3人に1人が「現在浮気中」とのこと。40代となると男性としても脂が乗って、自分の裁量で仕事を進めることができる立場になり、収入にも余裕が出てくるし、オスとしても、最もセクシーな年代で、成功した男性には女性のほうから次々に近寄ってくるので、浮気のチャンスがゴロゴロ転がっているのでついうっかり……となってしまうようです。

たとえば、美女が、ホテルのバーでひとり、物憂げに飲んでいるとします。そこにたまたま居合わせた男は、美女の様子が気になって仕方がありません。グラスを飲み干すたびに、美女はどんどん色っぽさを増し……ときおり、彼のほうを見て微笑みます……。

「よかったら、一緒に飲みませんか？」

そんなシチュエーションになったら、もうおしまいです。どんな男性でも普通でいられるはずがありません。理性などすぐにどこかへ飛んでいってしまいます。たとえ、どんなに素晴らしい妻や恋人がいたとしても……。

そもそも男性は〝狩猟本能〟があるので、目新しいもの、変わったものを見ると、つい自分のものにしたくなるので、どんなに素敵な彼女がいようとも、ちょっとタイプの変わった女性が目の前に現れると、気持ちがそちらに向いてしまうのは、どうしようもない男性の本能なのです。そして「英雄色を好む」と言うように、仕事もバリバリこなすデキる男性ほど、狩猟本能も人一倍強い傾向にあります。女性は「仕事ができて男らしくて誠実な人」を求めますが、そんな男性はいません！　仕事がデキる男性はモテるので、仕事のできない男性より浮気のチャンスは多いのです。

「男は浮気する生き物でしょうか？」「はい。その通りです！」と答えます。

尽くす女は愛されない

同棲している彼氏が浮気したといって、相談に来た女性がいました。

「彼氏のために尽くしているのに……」「こんなにやってあげているのに……」と泣きます。悔しいのなら別れればいいのに、別れることはできない。「彼が好きだから……」と言って。

いいじゃないですか！　彼のことがそんなに好きなら。浮気のひとつやふたつ、目をつぶれば。相手に依存していると、「捨てられたくない」「ひとりでは生きていけない」となってしまいます。人に「何かをしてもらおう」と思うと、どうしてもそうなります。

「男性がいなくても私は私。でも、好きだから一緒にいたいだけ」

そう考えれば、そのつらさは変わってきます。

「自分がこの人のために何ができるか」と思考を変えればいいのです。

浮気をされても彼と別れたくないなら、彼が惚れ直すいい女になれば良いのです。

ここで気になるのは「彼のために尽くしているのに……」という話です。勘違いしている人がたくさんいますが、男性は女性に、かいがいしく世話を焼かれたいと思っていません。男性は、時には何もしないでそっとしておいてほしいこともあるのです。とにかく思いつく限りの世話を焼く女性がいますが大間違いです。

男性が望んでいることを、察してあげられることが、本当の「尽くす」ということです。

若づくりは敬遠される

日本全国、すべての男性が好きな女性のタイプは「若くて美人」。

これを女性に話すと「結局、男は見た目でしょ！」とブーイングが起こります。男性脳は視覚優位なので、これが現実です。しかし、視覚優位は最高にありがたいことなのです。なぜならば、実年齢や容姿ではなく、パッと見た印象で若さや美しさを判断してもらえるから。若々しく美しい雰囲気を醸し出していれば、男性脳は「若い！」とジャッジするのです。

さらに、男性脳はわかりやすいもの、動くものに反応するという特性があるので、「20代で美人だけど猫背で無表情」の女性より、「50代で顔は十人並みでも姿勢よくニコニコしている」女性のほうが「若くて美人」に映るので後者を選びます。男性は女性が50代であっても、「若くて美人」と認識すれば、イケるのです。

ただし、「若い」と「若く見える」と「若づくり」は、言葉は似ているのに、恐ろしいほど違います。この3つをまぜこぜにすると大変なことになるので要注意！

「若い」とは実年齢に対する評価です。「若く見える」は、実年齢に関係なく外見に対する評価です。「若づくり」は見た目年齢に見合わない服装や振る舞いをしていることへの酷評です。この部分を思い違いすると、男性から敬遠されるので気をつけましょう。

何歳でも愛される見た目とは？

「見た目」を分解すると、3つの要素から成り立っています。

「見た目＝容姿×服装×振る舞い」です。この場合の容姿とは、裸の状態、素材そのもの、ルックス、カラダつき、肌質、髪質などを指します。

服装とは、裸の上にまとう服、靴、メイク、バッグ、アクセサリーなど。

振る舞いとは、カラダの動作、顔の表情、姿勢、歩き方、しぐさ、声、話し方、笑い方、食べ方、座り方などです。この3つの要素を掛けあわせたトータルの印象で、周りはその人のキャラクターを感じるのです。

男性が女性を見て「若くて美人」と感じるのは、第一に振る舞いです。笑顔が大きい、姿勢がいい、歩く姿がさっそうとしている、感情表現が豊か、声のトーンが高い、動きが機敏など。

2番目が容姿。肌のハリや髪の艶、スタイル。

そして、最後が、服装です。本人らしさが際立つ服、センスのいい持ち物、アクセサリーなどで女性の印象を決めています。

若づくりしている印象を与えてしまうのは、容姿と服装、振る舞いがちぐはぐなケース。ティーンエイジャーが着るような服を着て、髪にリボンをつけていても、猫背、がに股、無表情、高笑い、ガサツな動き、シミだらけの肌で髪はパサパサででっぷり太っている。こうなると「痛い」としか思われません。

実年齢より見た目がすべて

女性に「何歳ですか？」とたずねると「秘密です」と言って、同性の私にすら年齢を明かさない方がいます。おそらく初対面の男性に対しても同じようにおっしゃるのでしょうね。

以前37歳の女性から相談を受けたことがあります。自分の年齢を27歳とごまかして29歳の男性とお付き合いして半年が経ってしまった……どうしたらよいか？　というものでした。

「いますぐに本当の年齢を伝えるべきです」と私は言いました。ウソをつくことは不誠実ですし、相手のショックを考えたら、少しでも早く事実を教えたほうがいい。自分の年齢をごまかすなんて、女性としてあるまじき行為です。正々堂々と、胸を張って、実年齢を明かしましょう。

私は、初対面の男性に、はじめに年齢を伝えるようにしています。自己紹介の機会があれば、「はじめまして！　おかざきな、55歳です!!」と言ってしまうのです。自分の年齢を明かすことで「正直な女性」という印象を与えることができます。男性は心を開いてくれ、一気に距離が縮まることもあります。女性がナーバスになるほど、男性は女性の年齢にこだわりません。

繰り返しになりますが、男性は女性の見た目に興味があるのです。

独身男性は結婚したくない

「付き合っている男性に、結婚をほのめかしたときに、どんな反応が返ってくるのか怖い」。こういう女性はたくさんいます。30〜40代の男性は自由でいたいので、基本的には結婚したくないものと思ってください。

だから、女性が結婚相手を本気で探すなら、20代男性、または50代男性を探したほうがいいのです。統計によれば、結婚経験のある男性の50％以上の人が、30代前半までに最初の結婚をしているようです。それにくらべて30代半ばからの初婚率は低くなります。

20代のときは「結婚してもいいかな」と思っている男性でも、30代半ばになると独身のほうが心地よくて、結婚したくなくなるもの。会社で部下ができたり、大きな責任を持たされたり、仕事にやりがいを感じ始めたりするからです。自分の仕事を邪魔されたくないという気持ちにもなるし、ライフスタイルが固まってきて女性の入り込む隙間が少なくなるのです。だから、女性に求める条件も厳しくなるし、慎重になります。

一方、50代男性は、仕事も落ち着き、人として丸くなり、女性のわがままを受け入れるキャパシティもでき、パートナーを求めるようになります。結婚を望むなら、30代、40代よりむしろ20代、もしくは50代に目を向けてみるのも良いと思います。

「結婚したい」と思うとき

男性は、特定の人と付き合ってしまうと、「週に○回会わなくちゃいけない」とか「メールの返信をしなくちゃいけない」となり、結婚はおろか、彼女の存在すら面倒だと思ってしまいます。男性はいつまでも自由でいたいと思うのです。まして仕事がうまく回り始めた人なら、なんと言っても仕事が最優先なので、その障害になりそうな女性のことは遠ざけます。

そんな男性でも「この女と結婚したい」と思うときがあります。自分をちゃんと理解してくれる女性に出会ったら、結婚を意識するものです。一緒にいて安らげて楽しいし、自分の邪魔をせず、黙って見守ってくれる女性なら彼女にしたいし、結婚も考えるものです。前述した福山雅治さんが女優の吹石一恵さんを選んだのも、そのような理由が含まれているのではないでしょうか。

気になることがあっても、黙ってニコニコしていること。男性の邪魔をしないで、「一緒にいると心地いいな」と思わせると結婚相手に選ばれるかもしれません。

こんな女とは結婚したくない

仕事ができる男性というのは、中心はいつも自分。女性が「彼に何かをしてもらいたい」「癒やしてほしい」「かまってほしい」「楽しませてほしい……」、という考えを持っていると、関係がうまくいかないと無意識に感じるものです。

男性は、依存や束縛を嫌います。とにかく彼が窮屈に感じることをしないように。メールが返ってこないだけで「何をやっていたの？」と聞かれると、男性は「結婚したら、どうなるんだろう？」と思ってしまいます。「これが毎日続くのか」と思われたら大変です。

最悪なのは、「ねえ、私と結婚する気あるの？　ないの？」と問いつめること。「イエス」か「ノー」で答えさせるやり方は絶対にしてはいけません。結婚は何かを保証するものではありません。結婚にフォーカスしすぎると、大切なものを見失ってしまいます。

ずっと一緒にいたくなる女性

男性が、彼女にしたい、結婚したいと思う女性になるためには、男性が「ずっと一緒にいたい」と思う女性のタイプを知ることが大事。そこで直接男性からリアルな意見を聞くために、20～30代の独身男性23人に集まってもらい、座談会形式で「彼女にしたい女性・結婚したい女性」というテーマでインタビューしたところ、以下の意見にまとまりました。

○言いたいことを察してくれる
○周囲に気遣いができる
○否定的なことを言わない
○理解してくれる
○言うことをすべて受け入れてくれる

○褒めてくれる
○認めてくれる

男性がずっと一緒にいたい女性とは、ひと言で言うと「男性を立てる」女性なのです。

第一印象でほとんど決まる

しかし、「男性を立てる」女性かどうか、知ってもらうためにも、まず、お近づきにならないと、何も始まりません。

第一印象で選ばれないと、次に繋がりません。いくら性格がよくて料理上手だとしても、その魅力を伝えるチャンスまで、たどりつけずに終わってしまいます。初対面でも無意識に「この女性を手に入れたい」というセンサーが働きます。

〝「この女性を手に入れたい」センサー〟が反応するツボを8項目にまとめてみました。

〝「この女性を手に入れたい」センサー〟が反応するツボ

○匂い：薔薇と野獣の香り（NG＝雨とクスリの匂い）

○くびれ：ウエストとヒップの比率が7対10をキープ（NG＝ウエストのくびれを放棄）
○不良指数：ときどきスキが見える（NG＝タブーを批判する）
○艶：髪と肌に艶（NG＝髪も肌も乾燥してパサパサ）
○色：くっきり鮮やかな色（NG＝くすんだねずみ色）
○露出：肩、デコルテ、足などを露出している（NG＝常にハイネック、パンツなどで肌が見えない）
○体力：健康そうで元気。生命力を感じさせる（NG＝すぐ疲れる。老化を感じさせる）
○ドーパミン：感情が豊か、反応がいい（NG＝無感動、無反応、不感症）

この8項目を一瞬で感じさせることが決め手です。

第３章　理想の男性と出会う方法

世の中は出会いだらけ

私の周りに、「そもそも出会いがなくて……」と相談に来る女性たちがいます。

でも、そんなことは絶対にありません！　世の中には、出会いのチャンスがいくらでも転がっています。

たとえば、友達の紹介、職場、取引先、レストランやバー、居酒屋。

SNS、出会い系サイト、仲間との飲み会、異業種交流会、習い事、合コン。

エレベーター、新幹線、飛行機、スポーツクラブ、コンサート……。

いくらでもチャンスがあるのに、なぜ「出会いがない」と嘆くのでしょうか。おそらく、その女性が「自然な出会い」を求めているからです。では、「自然な出会い」とはいったい何？　それを求める人は、「自分からわざわざ行動しないで偶然（運命的に！）出会うこと」をイメージしています。わざわざ行動しなくても素敵な異性に出会うことは不可能ではないと思いますが、100万年かかります。生きている間は無理かも！

先ほど挙げた出会いのチャンスの例は、私から見ればすべてが「自然な出会い」。私と「自然な出会い」を求める人との違いは、「自然な出会い」のチャンスをつかむために積極的に行動するか・行動しないかです。

どこかで男性と目が合えば、それは出会い！　男性とすれ違う瞬間を「自然な出会い」と考えれば、出会いの場は無限にあります。チャンスは目の前にいくらでも転がっているのです。

あれこれ試してみる

国勢調査によると、独身者の70％は彼氏彼女がいないそうです。その理由の60％近くが「適当な相手に出会えない」から。「適当な相手」や「理想の条件」というイメージを持っていることが出会いを遠ざけていることに気づかないのでしょうか。

「私の理想のタイプはね……」と、出会いの少ない女性に限って言っています。「年収が１０００万円以上で、身長は１８０センチくらい、できればイケメンで、優しくて、リードしてくれる人」

そんなことを平気で言うわけです。もし男性が「オレの理想のタイプは、かわいくてスタイルがよくてＦカップで、年齢は24〜29歳、料理が上手で家庭的な人」と言ったら、どう思いますか？　30代の女性なら「マジ、ウザイ！」、40代の女性なら「信じらんない！」、50代なら「だまらっしゃい！」と言いたくなりませんか？
みんな、「理想のタイプ」と言いますが、本当にそれが理想でしょうか？　マスコミに刷り込まれた偶像ではないでしょうか？　そもそも恋愛の経験が少ないのに、どうして自分の理想を決められるのでしょうか？

全国の多くの独身女子が「年収が……年齢が……身長が……優しくて頼りがいのある人」と理想を掲げ、１頭のマンモスを狙っている状態です。

理想を持つことで「理想以外はＮＧ」になり、せっかくの出会いのチャンスを自ら遠ざける傾向にあるのがもったいない！「私の理想は同じ歳か３歳くらい年下までです。それ以外はちょっと苦手……」と言った45歳の女性がいます。45歳の女性にとって、３歳年下も５歳年下もあまり変わらない気がします。それに、あらゆる年齢の人と付き合ったことがないから「苦手」と思い込んでいるにすぎないのです。

もしこのセリフを言うのであれば、まずは１００人程度のさまざまな年齢の男性と付き合ってください。「１００人の男性と付き合ったなかで、私の理想は３歳年下まで、それ以外は苦手」と言うなら納得ですが、あらゆる年代の男性と付き合ったことがないのに「苦手」と言うことがそもそもおかしいのです。

理想を持つことで、出会いを遠ざける損な思い込みができてしまいます。

私自身も20代の頃、こんな思い込みを持っていました。

たまたまお付き合いした年上の男性が頼りがいがあっただけ、たまたまお付き合いした年下の男性が頼りなかっただけで、「年上は頼れる」「年下は頼れない」と思っていたのです。すべての男性がそうであるはずはないのに……余計な思い込みで出会いのチャンスを逃したら、本当にもったいない！

年下でも頼りがいのある男性はいますし、年上の男性でも頼りにならない人はいます。理想は横に置いておいて、たくさんの男性を知ることが、自分の理想にたどりつく方法です。とにかく、いいなと思った人とはお付き合いしてみること。あれこれ試してみると、そこから見えてくるものが絶対にあります！


「なな先生、あれこれ試したら、変な男性にも当たってしまいそうです」

なかには、おかしな男性もいるでしょう。そんな人にストーキングされたり、しつこく言い寄られないための予防策はないかとよく聞かれます。

「美しい姿勢で歩いていたら、きれいな蝶が飛んできますが、猫背で歩いていれば、蛾が飛んでくるのですよ」

胸を開いて、肩甲骨を寄せて、大きな声でしゃべればいい。堂々として、笑顔でいれば、変な男性は寄ってきません。

狩猟型より農耕型

婚活がうまくいかない人のほとんどが、「モテ」を飛び越えて、いきなり恋愛をしようという「狩猟型婚活」を行っています。「狩猟型婚活」とは、ジャングルに狩りに行き、獲物が現れるのをひたすら待ち構え、「獲物が来た！」と狙いを定めて襲いかかるもの。「あらら？　マンモスだと思ったのにネズミ……こんなはずじゃなかった」と、次の日もまた次の日も獲物が来るのを待ち続けることになります。

出会いの場に行き、獲物（理想の彼）を探し、「これだっ！」と思って襲いかかったところ「身長も年収も理想にピッタリなのに、浮気性のチャラ男で全然ダメ……」と、またイチから理想を掲げて男性（獲物）を待つ人がたくさんいます。付き合う前から、「これじゃない、これでもない」とただひたすら理想（偶像）のお相手を待って、お腹を空かせている（出会いがないと嘆く）のが「狩猟型婚活スタイル」の実態です。

「愛され女子」は１００パーセント「農耕型婚活」です。農耕型とは、畑にいっぱい種をまいて水をあげ、大切に育て、いっぱい実がなったら、その中の一番おいしい果実を食べるやり方です。いきなりひとりの男性に決めるのではなく、周囲にいるすべての男性にニコニコ親切にして、愛される（引き寄せる）。

それから、いろいろな男性と友達になり、お茶をして、ランチして、デートしながら人間関係を育てていきます。そのなかで、お互いにもっとも居心地のいい相手と自然と恋愛や結婚に発展するというスタイルです。

「狩猟型婚活」は手っ取り早いように見えて、じつは効率が悪いのです。予知能力者でもない限り、付き合う前から、その男性が自分に合うかどうかなんてわかるはずがありません。たくさんの男性にニコニコして、少しずつ人間関係を育てることで、間違いなく素敵な出会いが訪れます。

愛され女子の婚活は、「狩猟型婚活」ではなく「農耕型婚活」です。

恋愛が長続きしない癖

恋人がいない女性のなかには「彼氏ができても、２〜３ヵ月で別れちゃう」という人が、意外にも多いのです。なぜ恋が長続きしないのでしょうか？ 今回の恋愛だけがショートスパンだったのなら「相手との相性が悪かったかも」で済みますが、誰と付き合ってもすぐに別れるという人は、男性とのコミュニケーションのとり方に問題があります。

恋愛が長続きしない人の特徴と別れのパターンを15タイプに分類してみました。

恋愛が長続きしない人の特徴と別れのパターン15タイプ

○自分中心S嬢タイプ：自分中心で思いやりがないため、男性は自尊心が満たされず、やがて捨てられる

○気軽にベッドインタイプ：求められれば誰にでもカラダを許す。遊びの相手としか見られない

○べたべた張り付きタイプ：男性がご機嫌を取るのが面倒になり、捨てられる

○尽くしすぎタイプ：彼が望みもしないことでも「尽くしている」と勘違いして、男性に迷惑がられる

○結婚におわせタイプ：ことあるごとに結婚をにおわせる。男性は重たいと感じ、冷めていく

○ブータレかまってタイプ：ふてくされた態度をとって彼にかまってもらうことで愛情を感じる。男性は、だんだんわずらわしくなり、そっと立ち去る
○飽きてさまよいタイプ：男性と一度関係を持つとすぐに飽きて、ほかのトキメキを求めてさまよう
○指示命令自滅タイプ：彼の食べ方や友達関係、服装に至るまで指示命令し、次から次に彼のダメなところを見つけて自滅していく
○いつの間にか友達タイプ：趣味や仕事に没頭し、会う回数が減り、恋人から友達関係に変化してしまう
○だめんず依存タイプ：わざわざダメな男性ばかりを好きになり、いつも悲惨な最後を迎える
○無遠慮ガサツタイプ：元彼の写真を見せたり、過去の男性経験まで彼に話すので男性は一瞬で冷めてしまう
○思い出美化タイプ：過去の恋愛と比較して今の恋愛に物足りなさを感じ、次々に彼を代える
○恋愛逃げ腰タイプ：「傷つくくらいなら別れたほうがまし」と考えているので、どんな

相手に対しても愛情が浅くすぐに冷める
○悲観症タイプ：メールの返信がないだけで「嫌われたのかも」「彼に好きな人ができたのかも」と悲観的に考えて勝手に落ち込み、自ら別れを選択する
○神経過敏タイプ：いろいろなことを気にしすぎて、恋愛のたびに疲労して自滅していく

せっかくいい人と出会っても、すぐに別れてしまうのではもったいない。

たった2〜3ヵ月のお付き合いでは、お互い、何も得られません。どのタイプもすべて「男を下げる癖」を持っていると言えるでしょう。これは愛され女子のタブーですから気をつけましょう。

恋愛マニュアルはウソだらけ

もうひとつ、男性とのコミュニケーションがうまくいかない原因は、「恋愛マニュアル」に頼りすぎるところ。

世の中に出回っている恋愛マニュアルは、どれも素晴らしいものばかりです。ただ、それを鵜呑みにすると大失敗することがあります。

たとえば……

「デートのお誘いは３日待たせて返事をする」

「最初のデートではカラダを許すべきではない」

「メールにはすぐに返信するべきではない」

「男性から告白させる」

「恋の駆け引きは大事」

「男性はナチュラルメイクが好き」

「軽い女は嫌われる」

「男性ウケがいいのは清楚な女性」

……恋愛マニュアルは、つねに愛されている女性なら使ってください。ただし、30歳を過ぎてモテないと感じている人や、20代でも理想の彼に出会っていないのなら、鵜呑みにせず、よく吟味して使いましょう。

「デートのお誘いは3日待たせて返事をする」のウソ

待たせることで相手を焦《じ》らし、男性の狩猟本能を刺激して、より一層男性の気持ちを高ぶらせるというやり方です。理論上は正しいのですが、「男性をその気にさせながら、もったいつけて男性に追わせる」テクニックを使っていいのは、常に男性からアプローチされている女性です。

仮にこの焦らしのテクニックが裏目に出てその男性が立ち去ったとしても、すぐ次の男性にアプローチされる自信のある女性なら、大いにこのテクニックを使って、自分を高い女に見せるべきでしょう。

でも、次々に男性がアプローチしてくる状態でないのなら、とても危険です。返事を待っている間に、その男性が別の女性と出会う可能性だってあるからです。そうなれば交際のチャンスを失ってしまうことになるのです。

「最初のデートではカラダを許すべきではない」のウソ

初めてのデートでカラダを許すと「軽い女」と思われる。そうマニュアルに書かれているので、「今日初デートなんですが、お泊まりはしないほうがいいですよね？」と相談されることがよくあります。

初めてのデートでカラダの関係を持ってその女性を「軽い女」と思う男性は、よほど軽い女とばかり遊んできたのでしょう。そんな男性は、初めてのデートだろうが2回目、3回目だろうが、カラダの関係を持てば「軽く遊べる女」だと相手のことを思うはず。

逆に女性に対して誠実に接する男性なら、初めてのデートでカラダの関係を持った女性を大事にしたいと思うはず。

大人の男女がデートをして、ごく自然に結ばれそうになっているのに、無理やり「今日はやめておくわ」などと言ったら、どうなるでしょう？

男性は自分に気がないのだと思い、盛り上がった気持ちの行き場をなくして、フェイドアウトしてしまうでしょう。

「メールにはすぐに返信するべきではない」のウソ

ティーンエイジャーや時間がたっぷりある恋愛ごっこならこんな駆け引きもあり。

1回デートして、相手に「この女は手に入るな」と思わせておいて、「メールにすぐには返信しない」。気のある素振りを見せながら焦らす。ツンデレテクニックとしてはおもしろいですね。

ただ、大人の恋愛は、男と女の関係である前に人間同士の関係の上に成り立っています。

男性からメールが届いたのなら、早めに返信するのは人として当たり前のこと。

男性は、メールは事務連絡のツールとしてとらえていて、女性のようにコミュニケーションツールとは考えていません。だから、男性がメールを送ってくれたのなら、たとえ相手が意中の彼でなくてもすぐに返信をする。

これが大人のマナーです。

「男性から告白させる」のウソ

「相手から告白させる」ことにこだわる人もいますね。

女から告白するのはいかがなものか？　ということなのでしょう。デートも、「女の私から誘うの？」と嫌がる女性がいます。

そんな女性に私はこう言います。

「どっちから誘うかって、関係ある？　誘われる可能性はどれくらいあると思う？」

自分から誘って断られるのが嫌なのでしょうか？　女性から誘うと「ガツガツしてる」と見られるかもと考えるのでしょうが、そんなことは誰も思いません。カッコつけるよりも、誘えばいいのです。待っているだけでは何も始まりません。

「恋の駆け引きは大事」のウソ

恋愛には「駆け引きが大事」とよく耳にします。恋の駆け引きをして「落とす」とか「落とされる」とかを話題にしますが、「落とす」とか「落とされる」の駆け引きは短期的な関係ならありでしょう。2〜3ヵ月のショートスパンの恋愛ごっこなら駆け引きはとってもエキサイティングです。

ただ、真の恋愛は長期戦です。1年、2年と長ーく愛し愛され続けなければ何も学べないし、何も与え合えないのです。1年も2年も駆け引きは続けられません。だったら、最初から堂々と真正面から正直な自分で接するほうがいい。

「男性はナチュラルメイクが好き」のウソ

男性が求めるナチュラルメイクと女性が思うナチュラルメイクは全然違います。

「ナチュラルメイクの女性がタイプって言ってたくせに、しっかりメイクの女性を連れて歩いていた！」

こんなことはよくあります。女性にはしっかりメイクに見えても、メイクが上手だと、男性にはナチュラルメイクに見えるのです。だって、そもそも男性は女性のメイクのことなんてわからないのですから。

とりあえずきれいに見えれば、ナチュラルメイクと評価するのです。女性はナチュラルメイクと聞くと、どちらかというとすっぴんに近い状態のメイクを想像します。しかし、素顔に近いことよりも、パッと見た目がかわいい！　きれい！　と思うメイクのほうが男性には魅力的に見えます。

つけま、カラコンのやりすぎメイクはいただけませんが、美しく見える女性のほうが、男性にはウケがいいのです。

「軽い女は嫌われる」のウソ

女性には「軽い女」と思われたくないという意識がありますが、大丈夫です、もう十分に重たいから！　「軽い女」より「重たい女」のほうが男性にとってはやっかいです。

大人になれば、誰でも慎重になって、女性が考える以上に男性からは「重たい女」に見えるもの。だから「軽い女」くらいがちょうどいいのです。

「男性ウケがいいのは清楚な女性」のウソ

清楚な女性というのは確かに響きも、イメージもいいですね。

ただ、控えめでおとなしい清楚キャラでウケるのはよほど容姿に自信があって、何もしなくても人を惹きつけるオーラがある女性に限られます。

容姿が普通なのに清楚キャラでいても、合コンのような出会いの場では目立ちません。

また、服装やヘアメイクで清楚な印象を出そうとしがちですが、そうすると地味に見えてしまいます。たとえば、襟のついた服はビジネスライクな硬い印象を与えます。襟を見ただけで、男性は女性との距離を感じやすいのです。男性と会う場では、「抜け感」が大事なので、少しスキを感じさせるものがいい。

色っぽい服装でしぐさが下品な女性は「ケバい」と思われます。でも、色っぽい服装でしぐさが上品な女性は男性ウケがいいのです。

第４章　愛され女子がやっている習慣

「愛され意識」を持ちなさい

愛される人は「愛されたい」という意識をはっきり持っているのが特徴です。愛されたいと意識するから出会いが恋愛に発展するのです。また、愛されるためには、自分磨きは不可欠ですが、この愛されたいという意識があるから、忙しくても疲れていても自分磨きを頑張れるのです。

自分磨きが長続きしない人の特徴は、愛されたいという意識が足りないので、「できない理由」に負けてしまうのです。たとえば、自分磨きをしようと思っていても、朝から夜遅くまで残業。土日は掃除や洗濯で疲れてしまい、自分磨きをする余裕なんてないから、結局何もできないまま。こうして、自分磨きを怠ってしまうのです。

私自身、40歳まではそうでした。仕事と育児、家事に追われ、朝から夜までスケジュールがびっしり。新しいことに挑むことも、美に気を配ることもしませんでした。

自分で「無理……」と思っているのだから、できるはずがありません。

そのまま自然の摂理に任せていると、肌は衰え、体型は崩れ、シワは増え、髪はボサボサ。いつの間にか、驚愕の鬼婆のできあがりです。

習慣を急に変えるのは難しいですが、まずはわくわくする目標を掲げてください。「毎月1人の男性に告白される女性になる」「1年以内に結婚する」「ボーイフレンドを3人作る！」など。

次に、テレビを見るときはエクササイズ、歯磨きの時間はローションパック、カラダを洗うときにはついでにボディーマッサージなど、「ながら美容」をライフスタイルに取り入れ、愛され意識を高めていきましょう。

最短できれいになる方法

時間のない人は、「ながら美容」を習慣にするのがいいと思いますが、最短で結果を出したい！　もっともっときれいになりたい！　という人には、集中してスケジュールに組み込む方法をおすすめします。

私の場合、「ながら美容」の時間もとれず、どう頑張ってもスケジュールはびっしり詰まっていて、新しい予定を入れる隙間もありませんでしたが、「今ここで、習慣を変えなくていつするの？　今しかない！」と、心に決めました。

私が取り組んだのは、たったひとつのことだけ。スケジュールを組む段階で、「美の時間」を仕事よりも最優先して、スケジュールに入れたのです。

これが大正解でした！　私はスケジュールにとても従順なので、「美の時間」も一生懸命に取り組みました。強制的に組み込んだことで、少しずつ美しくなっていき、見違えるようにきれいになりました（自分で言うのは僭越ですが）。

手をかければ結果は出る

48歳のときに現在の彼と出会った私が50歳で掲げた目標は、「29歳年下の彼が連れて歩いても恥ずかしくない女になる！」というもの。その一心で、彼が自慢したくなる外見をつくろうと決心しました。それから5年、よりいっそう手をかけるようになって、私の外見はかなり変わりました。体重51キロ↓45キロ、ウエスト66センチ↓60センチ。背中や足もすっきりシャープになり、シミだらけだった肌も、「お肌の手入れはどうしているの？」と聞かれるほどになりました。

まだまだ発展途上ですが、彼と私のツーショットは誰の目にも違和感なく映るようで、旅先でも「奥様」と呼ばれたり、「お似合いのカップルですね」と言われたりします。記念のツーショット写真を見て「いいんじゃないの？」と私もニンマリしています。

でも、ちょっと手を抜くとすぐに太るし、ゆるむので、気は抜けません。が、手をかけることで、昨日より今日、去年より今年と自分のカラダがきれいに変わっていくのをひしひしと感じます。

自分がどこまで変われるのか、毎日その変化を楽しんでいます。30代を過ぎた大人のカラダは、手をかけた分だけ結果が出るのでおもしろい！

愛され女子の習慣〜私の場合

私の日常は、「愛され女子」の専門家として、24時間、愛され習慣一色です。ここで私の習慣をご紹介します。

エクササイズの習慣

○週2回スポーツクラブに通い、ヒップアップを中心に全身の筋肉を鍛える
○月2〜4回、整体院で全身のコリとむくみをとり、骨盤を矯正
○月に1回、ボディメイクの専門家のもとでカラダの状態や効果的なエクササイズをチェック

○週1回、ラテンダンサーの個人レッスンで体幹、ストレッチ、カラダへの意識を高めるエクササイズ

食事の習慣

○朝食はバナナを食べる。実のまわりの白い筋には抗酸化作用があるので、捨てずに実と一緒に摂る
○女性ホルモンの働きを促す大豆製品や、むくみを取る小豆、栄養豊富なかぼちゃ（種もワタも）を毎日摂る
○メニューにおろし生姜を合わせ、冷え性改善
○腸内環境を整えるためヨーグルト（毎日３００グラム）、ごぼう、れんこん、大根を毎日摂る

快眠の習慣

○眠たいと感じたら21時でも20時でもすぐに寝る
○アロマ（ラベンダー）を枕にたらし、リラクゼーションCDをかけ、ベッドの上にスト

レッチポールを起き、首、腰、股関節のストレッチ
○足指に、指の間を広げるゴムをはさみながら、「さくらんぼ・イン（私が開発したカイロ）」で仙骨を温める
○目覚めたら「幸せ〜」と心でつぶやいてから大きく伸びをしてカラダを起こす

ファッションの習慣

○基本は１年中ノースリーブのボディコンシャスのワンピース。パンツスタイルやデニム、タートルネック、袖のあるものは着ない（外出時）
○ダークカラーを避け、明るい色の艶のある薄手のものを選ぶ
○カラダにジャストフィットするように丈やウエストをしぼったデザイン。ちょっとしたゆるみもカラダに合わせて直す
○水着を着る。夏場は海やプールはもちろん、普段から下着代わりや、エクササイズウェアとして着用
○和服を着る。特別なパーティーだけではなくデートやちょっとした外出時も

松田聖子はどうして老けないの？

誰もが認めるスター・松田聖子さんは、結婚、離婚を繰り返しながら、18歳で歌手デビューしてから35年以上経った現在でもファンに愛され、第一線で活躍しているアイドル。聖子さんがデビューした頃、私は硬派だったので、彼女の「ぶりっ子」が大嫌いでした。クールな山口百恵さんや、中森明菜さん派だったのです。しかしいまは、自分のキャラクターを守り続けている聖子さんに脱帽です。

そんな「永遠の愛され女子」の聖子さんですが、変わらない若々しさに「どうして老けないの？」「何か特別なことをしているんじゃないの？」と疑問を感じる人もいて、整形疑惑も噂されたほどです。

事実はどうなのでしょうか？　いろいろな美容法を試している私の立場で聖子さんの美容法を分析してみたいと思います。聖子さんが美しさを感じさせている3つのポイントは、「艶肌」「艶髪」「艶声」です。この三大艶が、若く見える最大の秘訣です。

聖子さんの「艶肌」の秘密

あの透き通るようなハリのある「艶肌」は素晴らしい！　以前、食料品店で買い物中の聖子さんをお見かけしましたが、真夏なのに色白できめ細かい輝くような「艶肌」が印象的でした。「艶肌」をつくるために一番大事なことは日頃のセルフケアです。セルフケアを徹底し始めると、何歳であっても、お肌は本当に生まれ変わったようにプルルンとした「艶肌」になります。

聖子さんが「艶肌」のためにやっているのでは？　とささやかれている美容整形や注射系のものは、やっていないと私は思います。ここで、聖子さんの艶肌の理由を私なりに分析してみました。

聖子さんが「艶肌」のためにしている習慣――私の想像

○ＵＶケアの徹底：紫外線を浴びない工夫（年中サングラス、帽子、日焼け止めクリーム）

○栄養管理：ビタミンＣや抗酸化作用の高い野菜、フルーツを積極的にとる、揚げ物は控

える
○睡眠：十分な睡眠時間、良質な眠りのための寝具、アロマ、音楽の工夫
○スキンケア：洗顔後のすすぎの徹底、良質な基礎化粧品、パック、保湿の徹底
○表情筋：エクササイズ、歌をうたうことでかなり表情筋が鍛えられる
○温める：お酒、たばこ、コーヒーなどカラダを冷やすものを排除
○プロのサポート：美容のプロが付いていて常にお肌チェックを欠かさない
○スペシャルケア：エステ、美容レーザー、美容鍼
○女性ホルモン：常に恋をし、情熱的に生きる
○前向きな性格：好奇心旺盛で新しいことにチャレンジし続ける

聖子さんは、歌手としてファンに愛され続けなくてはいけませんから、人並み以上の努力をされていると思います。レベルは違っても、私たちも本気を出したら、どんどんきれいになるものです。大切なのは、愛されることを意識したライフスタイルです。

愛され女子を観察する

私たちは、自分が思っている以上に周りの人の影響を受けているもの。特に愛され意識は、すごく影響を受けます。「愛されること」にこだわらない友達といたら、愛され意識が上がるわけがありません。お互いの傷を舐め合うような付き合いをしていては、愛され意識は下がる一方です。

「成功したければ、成功者と付き合いなさい」

これはよく聞く言葉です。

「愛され女子になりたければ、愛され女子と一緒にいなさい」

愛され意識の高い人と一緒にいる時間が長ければ長いほど、その人の行動や思考が伝染するからです。自分よりももっと愛されている人、愛されることに熱心な人と、なるべく一緒にいたり、観察することが、愛され女子力を高めるコツです。

プロの愛され女子の習慣

私には、愛され女子力が高い友達がいます。銀座のクラブママである藤木玲美さんや、人気ナンバーワンキャバ嬢の滝沢姫さん、そして、ニューハーフ日本代表に選ばれた藤ノ宮せりさんなど。

美しく愛されオーラを放っている彼女たちと一緒にいるだけで刺激になるし、彼女たちがしている「見えない努力」を教えてもらえるので、機会を見つけてランチをしたりお茶をしたりしながら、情報交換しお互いを高め合う時間をつくっています。

彼女たちは毎日男性客をもてなしている「愛されるプロ」。なので、愛されることに関する意識と努力の量は芸能人並み、いやいや、それ以上のすごさです！

愛されることのプロたちは、仕事が忙しいのですが、美のための時間をしっかりとって、セルフケアやメンテナンスをしています。

「どうやって時間をつくっているのだろう」「面倒だとは思わないのかな」、そんなふうに思いながら様子をうかがっていたのですが、彼女たちは口を揃えてこう言うのです。

「特別なことは何もしていません」

３人が３人、まったく同じことを言うので驚きました。最初は謙遜しているのかと思ったのですが、そうではないのです。自分のためだけの秘密にして、隠しているわけでもありませんでした。彼女たちが美のためにしていることは日常の習慣になっていて、本人たちは

「特別なこと」とは感じていないのです。つまり、「するのが当たり前」！　アスリートにとっての日課のトレーニングのようなものでしょう。

銀座のクラブママ　藤木玲美さんの場合

「美容にかける費用は1ヵ月、84万円です。ちょっと使いすぎかなって思うけど（笑）。いまは、美容の技術も進んでいるので、お金があればいろいろなことができます。お手入れした分だけ美しくなり、美しくなればお客様に大切にされるので、ますます入ってくるお金が増えるという循環が起きています。

でも、最初からそうだったわけではありません。最初、銀座のお店に入った頃は、お給料が月60万円くらいでしたが、半分以上は衣装にかかっていました。一流のお客様をおもてなしするから、恥ずかしい格好はしたくないと思ったので、ヘルプ（補佐役のホステス）なのに、10万円のドレスを着ていました。お金がなくても、いいものを身につけるからいい女になって、いいお客様がついたのだと思います。

自己投資が先で、その結果、きれいになって収入が上がる――お客様からいろいろなことを学んで、自分が成長して、ますますお客様に愛される。先に自己投資をしたことがポイントだと思っています」

ナンバーワンキャバ嬢　滝沢姫さんの場合

「毎日美のために2時間は使っています。でも、全部『〜しながら』の『ながら美容』です。腹筋は毎日100回以上、テレビを見ながら絶対にやります。太ももや二の腕のセルライトつぶしは、気がついたらしています。お風呂で半身浴しているときにも！　半身浴中はお顔には化粧水パックもします。お風呂から出るときは必ず全身に冷水を浴びます。これだけでお肌が引き締まって、すごくいいんですよ。

お風呂に入っているときくらいリラックスしたいと思うかもしれないけど、きれいになることをしなければ絶対きれいになれないし、きれいじゃなきゃ絶対愛されないのだから、私はリラックスすることよりも『きれい』を選びます。

お金をかけなくても、わざわざ時間をとらなくても、何かをしながらちょっと工夫するだけで、特別なことをしなくてもきれいになれて、男性にチヤホヤしてもらえます。愛されたいと言っているのに、努力しない女性は『どうして、きれいになる努力をしないんだろう』と思います」

ニューハーフ日本代表　藤ノ宮せりさんの場合

「私がいまのお店に来て9年になります。先月チーママになって、ますます頑張ろうと思っています。いまの私がいるのは私を拾ってくれた純子ママのおかげなんです。右も左もわからない汚い男の子に『これでハイヒール買って明日からお店にいらっしゃい』って1万円もくださったの。そのまま逃げちゃうかもしれない見ず知らずの私を信じてくれたママの気持ちに応えたくて9年間頑張ってきたの。

最初はお肌もニキビ面でボロボロだし、言葉遣いもしぐさもひどかったのよ。でも、先輩お姉さんたちに教えていただいたきれいの秘訣はとにかく全部実践したの。

お肌や髪、カラダをきれいにするのなんて当たり前だけど、男性が喜ぶ色っぽいしぐさや言葉遣いやスキンシップも研究して身につけていったの。

私たちは人工の女だから本物の女にはなれないけど、本物の女以上に努力しているっていう事実が私たちを支えているんだと思うわ。それとね、女には金銭感覚も大事なことだと思うので、私は9年間ずっと家計簿をつけて収入支出を把握しているの。いただいた大切なお給料なので無駄遣いをしないようにしている。外見も大事だけど生き方をどんどん磨かないと本物の女に負けちゃうからね」

愛されたいと思うと美を追求するし、美を追求するから愛されて、ますます美しくなっていくのです。

第5章　実践　一瞬で愛されるテクニック――オトコ心をつかむ21の習慣

秒殺！　男性がグッとくるしぐさとリアクション

40歳以降「鬼婆」から奇跡のV字回復を果たした私ですが、「いまの私はイケてない！」と思ったときに、男性の心理について研究を始めました。「男性が好きな女性のタイプ」を分析している途中で、「男性がグッとくる瞬間」も合わせてリサーチしていったのです。

その後、10年以上にわたってブラッシュアップしてきたのが、「男性がグッとくる女性のしぐさとリアクション」です。

これを、女優のようにいつでも自在に表現できるようメソッド化したものが『女優メソッド』です。

私が考案した『女優メソッド』は、現在108種類ありますが、そのなかで特に効果的な愛されるしぐさを21種類ご紹介します。

いますぐ、誰でも簡単にできて、めちゃめちゃ効果があるので、ぜひ使ってみてください。

この章だけを抜き出して実践しても、すぐに成果が出るはずです！

男性脳は動くものに反応するという特徴から、男性は女性の容姿やファッション以上にしぐさやリアクションを見て女性の価値を一瞬でジャッジしています。

しぐさやリアクションが女性らしかったり色っぽかったりすると、女性としての価値を高く評価し「いい女」と判断し一目惚れします。逆にしぐさやリアクションがガサツで女性らしくないと、女性としての価値を低く評価するのです。

どんなに性格がよくてお料理ができても、第一印象で男性に選ばれなければ、素敵な中身をわかってもらうチャンスも来ないのです。

だからメイクよりファッションより何よりも、しぐさとリアクションが重要なのです。

「男性が女性の〝さりげないしぐさ〟にグッとくる」と聞くと、〝さりげないしぐさ〟＝〝気づかれないくらい小さな自然な動き〟と思いがちですが、そうではありません。

男性に一瞬で一目惚れさせるには、単純で、大きくはっきりしたしぐさとリアクションで、わかりやすく動くことがポイントです。

実践1 ダイヤモンドスマイル——一瞬でキュンとくる笑顔

男性が彼女にしたい女性の条件に必ず出てくるのが「笑顔がかわいい女性」です。女性もこれには納得でしょう。そして、「私の笑顔はかわいいから大丈夫」と思って安心します……しかし、これが落とし穴！

女性が考える笑顔と男性が望む「笑顔」は全然違います。

男性の目から見ると、「無表情」の女性がほとんどです（顔に意識がいっていないと、日本人の口角はもともと下がっているのでへの字口になっていて、とてもブサイクに見えてしまいます）。だから、どんなときでも、微笑みを絶やさないようにしましょう。

男性の目に「かわいい」と映る笑顔とは、女性が考える以上に大胆なビッグスマイルです。普段の「自然な笑顔」では与える印象が弱く、視覚優位の男性には笑顔と認識されません。男性がキュンとくる笑顔とは『ダイヤモンドスマイル』です。

ポイントは、感情と表情を切り離して使うこと。普段は楽しい、うれしいという感情が湧いてきて笑顔になります。感情と笑顔はセットになっていますが、この感情と笑顔を切り離し、自在に笑顔をつくれるようにしてください。

実践１ ダイヤモンドスマイル

無表情

無表情は「への字口」になりがちです。

プチスマイル

上の歯と下の歯を軽く合わせて、唇の力を抜いて、口角を横に開くように動かし、口角を１ミリ上げる。※唇に力が入ると口角が下がるので要注意。

ハーフスマイル

口角を２ミリ上げ、上の前歯を見せる。口で左右対称の三日月形をつくる。下唇に力が入ると、口の形が四角くなるので要注意。

ダイヤモンドスマイル

頬の筋肉を意識しながら頬をキュッと持ち上げ、口角を３ミリ上げ、上の歯を10本見せる。口の形は左右対称にきれいな櫛形をつくる。頬の位置が高いと人に安心感を与え、親しみやすさ、若々しさを感じさせる効果がある。

実践2　5つのキラーワード――男性の自尊心を満たす魔法の言葉

男性は、女性が「話を熱心に聞いてくれる」という状況が好きです。もっと言えば、「オレの話を聞いてくれる」女性が好きなのです。

自分のことを熱心にしゃべる女性よりも、一生懸命に聞いてくれるほうがいい。女性は、実際は熱心に聞かなくていいのです。「熱心に聞いているようにアピールする」ことが重要です。「あなたに関心があるの」という態度は、「オレのこと、好きかも」と勘違いさせることにもなるからです。

男性には常に自尊心を満たしたいという欲求があります。なので、男性は自尊心を満たしてくれる女性がいると「手放したくない!」と思うのです。

男性の自尊心を満たす言葉『5つのキラーワード』があります。「すごい!」「頼りになる!」「教えてください」「甘えちゃっていいですか?」「こんなの初めて!」。

どんどん会話やメールに盛り込んでいきましょう。

あまり話をしない男性の場合にはどうするか? 目を見て、ニコニコしながら、「頼りになるね」とか「すごいね!」と言えばいいのです。

実践2 5つのキラーワード

男性は自尊心を満たしてくれる女性が好き。

実践3 フジコエクスタシーブレス――吐息まじりの甘い声で距離を縮める

声の使い方や話し方で、伝わる印象がガラッと変わります。

実際に女性の声は若いうちはトーンが高いのですが、30代、40代……と年齢を重ねると声が低くなり、50代、60代になると声が小さくなって、しゃがれて聞き取りにくくなります。

だから、高いトーンではっきりと発音すると「若い！」印象を与えますが、低いトーンでしゃがれ声だと「老けている」印象になります。

自分の声や男性が好感を持つ声の特徴を理解することで、声だけで男性の感情をコントロールし、男性との距離を近づけたり遠ざけたりすることができます。

男性の自尊心を満たし本能を刺激するのは、前述の峰不二子がルパンに甘えるときのような、吐息まじりの甘い声。私はこれを『フジコエクスタシーブレス』と名付けました。

これで男性との距離をグッと近づけてください。

実践３ フジコエクスタシーブレス

トーンは２音高く、大きめの声。話し始める前にまず息を「はあ」と吸って、吸ったその息を吐き切りながら話す。「ありがと！」ではなく、艶っぽく「(はぁ〜) ありがとお〜」。

実践4 女神のもてなし——オーバーリアクションで男性はさらに萌える！

前述したように、男性は、自分のことを熱心に話す女性より、男性の話を熱心に聞いてくれる女性を求めています。男性は普段話せない「オレ様論」を語りたいので、男性の話題に興味を持ってうなずきや相槌を繰り返し、『5つのキラーワード』（「すごい！」「頼りになる！」「教えてください」「甘えちゃっていいですか？」「こんなの初めて！」）をふんだんに使いながら熱心に、そしてオーバーリアクションで話を聞いてください。男性は、どんどん気分がよくなります。また、オーバーリアクションの女性を、男性は「感度がいい」と思うものです。まず、男性の話に相槌を打ちます。

「へえー、それで？　そうなの？」

ときどき『5つのキラーワード』を入れます。うなずくときは首だけではなく上半身を前後に揺らす気持ちで大きく動く。喜怒哀楽の感情表現も入れ、『プチスマイル』『ハーフスマイル』『ダイヤモンドスマイル』を使い分けながら、リアクションをとります。どんなときも、男性の意見を否定しないこと。「あなたの味方よ」と、思わせることが大事です。

実践4 女神のもてなし

『5つのキラーワード』と『プチスマイル』『ハーフスマイル』『ダイヤモンドスマイル』を使い分けながら、カラダを揺らし、表情豊かにリアクション。

実践5 仔犬のポーズ――駆け寄ってくる姿がたまらなくかわいい！

いつもは大人でしっかり者の女性が、ときに無邪気で無防備に喜ぶ姿は男性を感動させます。自分の感情を表すのが苦手な男性にとっては、たまらないしぐさです。

男性は女性を喜ばせたいと思っているので、ダイナミックに喜びを伝えていきましょう。

私はこれを『仔犬のポーズ』と名付けました。飼っている仔犬が、飼い主を見つけたら、シッポをぶんぶん振って、うれしそうにダッシュで駆けてくるイメージです。

待ち合わせで、先に来て待ってくれている男性を見つけたら、その瞬間に『ダイヤモンドスマイル』で仔犬のように、男性に駆け寄ります。

男性の目の前に到着したら、うるっとした瞳で見つめながら、「会いたかった！　会えてうれしい！」と言いながら、仔犬のように跳ねます。

すると、男性の気分は確実に上がります。

スタートがいいと、デートでも最高の時間が流れることは間違いないでしょう。

実践5 仔犬のポーズ

男性を見つけたらうれしそうに『ダイヤモンドスマイル』。そのまま小走りで駆け寄る。
男性の目の前で、「会いたかった！　会えてうれしい！」と仔犬のようにとび跳ねる。

実践6　モデルウォーク――さっそうと歩く姿に惚れ惚れする！

男性脳は、動くものに反応するという特徴があるため、女性が動くと無意識に目で追いかけます。だからこそ、モデルのような美しい姿勢や歩き方を意識するだけで、男性に与える印象がグッとよくなります。

頭、首、かかとが一直線になるようにまっすぐ立つ。

基本姿勢
首が肩の前に出ないように顎を引く。

肩甲骨を真ん中に寄せるように胸を開き、脇の筋肉を使って肩を下げる。

後方の足の土踏まずと前方の足のかかとを付ける気持ちで、足と足の隙間が見えないように立つ。

つま先は30度外側に開く。

実践６ モデルウォーク

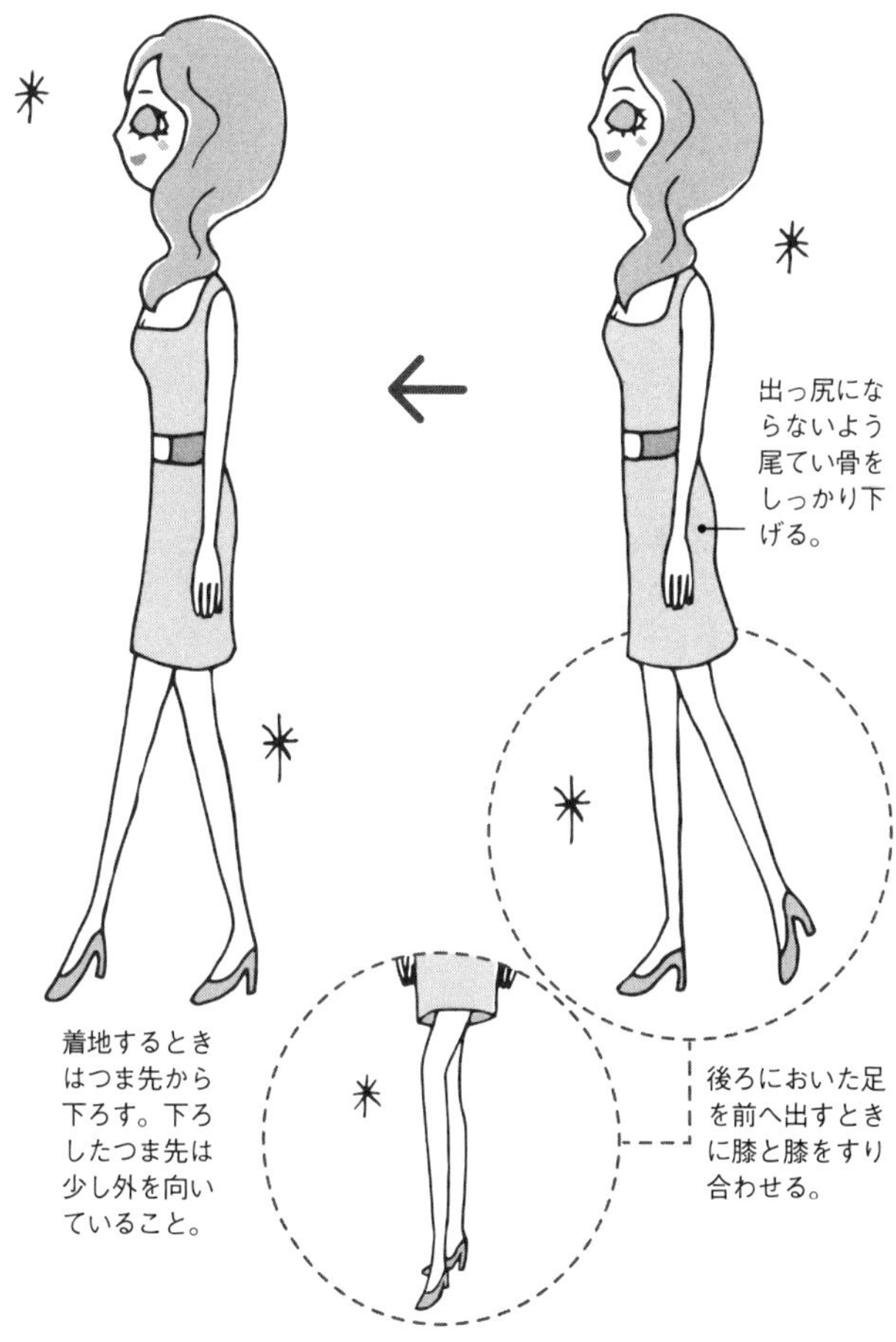
出っ尻にならないよう尾てい骨をしっかり下げる。
着地するときはつま先から下ろす。下ろしたつま先は少し外を向いていること。
後ろにおいた足を前へ出すときに膝と膝をすり合わせる。

実践7 甘え上手・スイートキャッツ——ただお礼を言うだけではもったいない！

男性は「女性を甘えさせられる男」でいたいと思っているので、女性に甘えられると快感を覚えます。

たとえば、男性が女性に「手伝うよ」と言ったとき、「結構です」「大丈夫」「自分でやるから」より、素直に「ありがとう！　甘えちゃっていいですか？」と言われることがうれしいのです。

これに、オーバーアクションを加えることによって、さらに男性のハートをきゅんとさせることができます。

「ありがとう！」のあと、ふわっと男性の手を握り、『フジコエクスタシーブレス』と『ダイヤモンドスマイル』で、「甘えちゃっていいですか？」と言います。

猫のように、ごろにゃんと甘えるテクニック『甘え上手・スイートキャッツ』。

職場やデート、あらゆる場面で実践してみましょう。

実践7 甘え上手・スイートキャッツ

1

男性が「手伝うよ」と言ってくれたとき、『ダイヤモンドスマイル』で「ありがとう!」。

2

男性の目を見つめながらゆっくり近づいて、男性の手をふわっと握り、『フジコエクスタシーブレス』で「甘えちゃって……」と言います。

3

「いいです……」は、下を向き

4

「か?」で顔を上げて『ダイヤモンドスマイル』。

実践8 ルーズ・バック・ヘア――髪をかき上げるしぐさにゾクッとする！

男性に、「女性のどんなしぐさに萌える？」と聞くと、真っ先に出てくるのが「髪をかき上げるしぐさ」です。「これに反応しない男はいない」というくらい鉄板のテクニック。

それは、隠れていた肌が、髪をかき上げることによって見えるからです。

たとえば、うなじ。うなじ自体にセクシーなうなじとそうじゃないうなじがあるわけではありません。肌が見える瞬間に、男性は「ドキッ」とするのです。

髪は女性の象徴。男性はどうしても惹きつけられます。「風になびく髪」にも目がいくもの。

そこから肌（たとえば、うなじ、耳）がちょっとだけ見えると、男性の心拍数が跳ね上がるのです。

ボリュームと艶のある髪を女性らしくかき上げて、うなじや耳を見せましょう。

A・B・C3種類のしぐさを、タイミングを見て、効果的に使ってください。

実践8 ルーズ・バック・ヘア

A-1

人差し指と中指で顎のラインから耳の横、こめかみを通り

A-2

額の髪の生え際から頭のてっぺんを通って、

A-3

後ろまで髪をかき上げます。

B-1

両肘を曲げて

B-2

A-3と同じように髪をかき上げます。

B-3

このとき、脇の下は男性に見られることを意識して。

C-1

片手で耳の後ろからうなじを撫でるように、肘を上げながら

C-2

髪をかき上げて反対側のサイドに集めます。

C-3

手を下ろしたら脇を閉じること、うなじをしっかり見せるのがポイントです。

実践9 ナイヤガラ・ヘアー束ねた髪を下ろす瞬間に「女」を感じてドキッ！

女性が仕事中は束ねていた髪をほどく瞬間、男性はドキドキします。それまでのキチッとしたクールな雰囲気が、一変してリラックスした感じになるからです。男性にしたら、この瞬間は、たまりません！ 艶々なロングヘアが現れると、男性は急に「女」を感じて、そのギャップにドギマギします。

ビジネスモードがプライベートモードに変わる瞬間＝「オーラが女になる瞬間」です。男性は、「オレに素の部分を見せてもいいと思っているんだな」と思うし、ふたりの距離がグッと近づく感じがします。

束ねた髪を下ろしながら、ふわふわっと頭を軽く振ってなじませるしぐさは、リラックス感も演出できます。

TPOに合わせて実践してみましょう。

実践９ ナイヤガラ・ヘア

1

束ねた状態から

2

両手を、束ねている髪に回します。そのときにあえて、肘をカラダから離し、スキを見せます。ノースリーブなら脇の下を見せる気持ちで。

3

髪留めを外したら頭を振って髪を無造作に揺らします。

4

下ろした髪は、左右どちらかに寄せてみてもいいでしょう。

実践10 キューティー・アイ――「この子、オレに気があるな」と思わせる！

髪とともに、男性が気になる女性のパーツが目です。

上目遣いであったり、潤んだ目であったり、さまざまな表情を見せることができるパーツです。

男性と目を合わせることが苦手でさっと目をそらしてしまう女性が多いのも事実ですが、もったいない！　相手の目を見つめる習慣をつけましょう。

3秒以上視線を合わせ続けることは、普段のコミュニケーションではまずありません。だから、女性が男性の目を3秒以上見続けると、男性は「自分に気がある」と判断します。男性は「自分に好意を持つ人を好きになる」という習性があるので、見つめられたら「口説いてもいいんだな」と感じ、これが、いわゆる「スキ」に通じます。

そして、最後にウィンク。これでイチコロです。

実践10 キューティー・アイ

1

楽しく会話をしているとき

2

瞬きをせず、相手の目を３秒見続けます。
瞬きをしないで見続けることがポイントです。

3

実践11 セクシー・クロスチェンジ――足を組み替え、狩猟本能を刺激

女性が椅子に座っている姿が美しくて品があると「座っているだけで絵になるいい女！」と男性は評価します。

その品のある女性が足を組んだり組み替えたりするだけで興奮するもの。男性脳は、動くものに反応する特徴がありますから、足を組み替えることで、男性の狩猟本能を刺激してあげればいいわけです。

特にミニスカートなら、あらぬ期待も膨らみ、見てはいけないと思いつつも、見ずにはいられないという心理になります。

足を組むという動作はマナーとしてはタブーなポーズだからこそ、品とタブーのギャップが男性には「たまらない色気」と感じられるのです。

実践11 セクシー・クロスチェンジ

品のある座り方

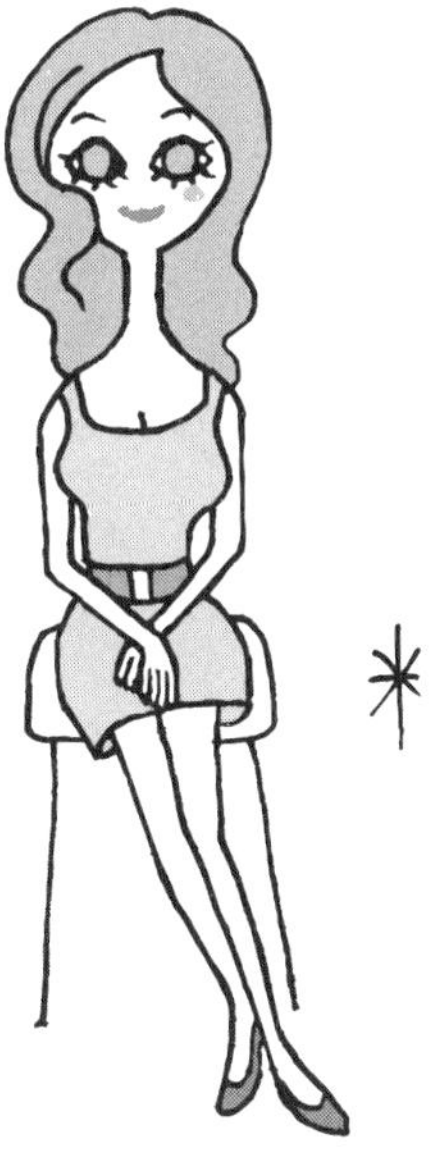

背筋を伸ばして椅子の真ん中か浅めに座る。両手は膝の上。両膝をつけ、膝下を左右どちらか斜めに流す。足は椅子からなるべく遠くに置く（足が椅子に近いと、足が短く見えます）。

足を組み替える

3

上に置いた足の膝を正面に伸ばす。もう一方の足の膝も伸ばして

4

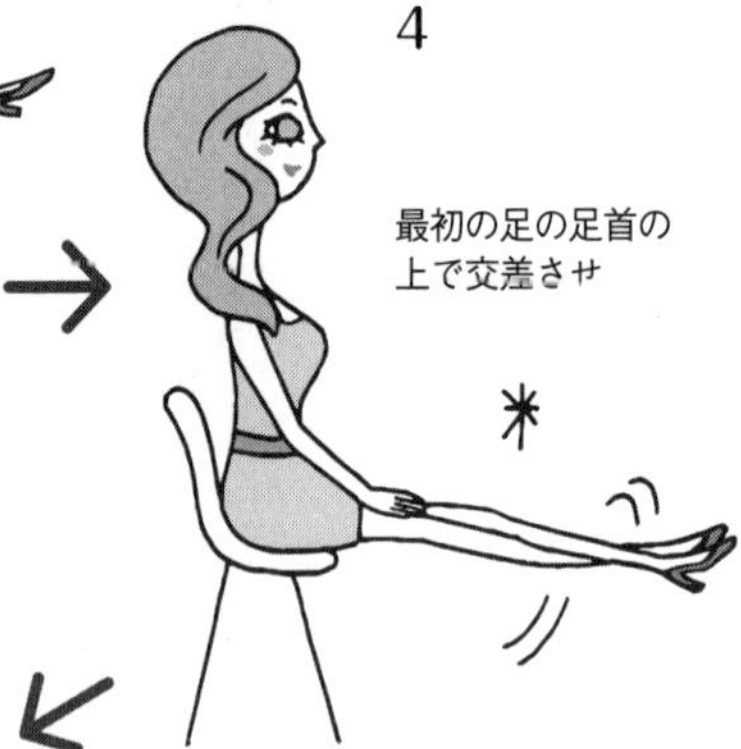

最初の足の足首の上で交差させ

5

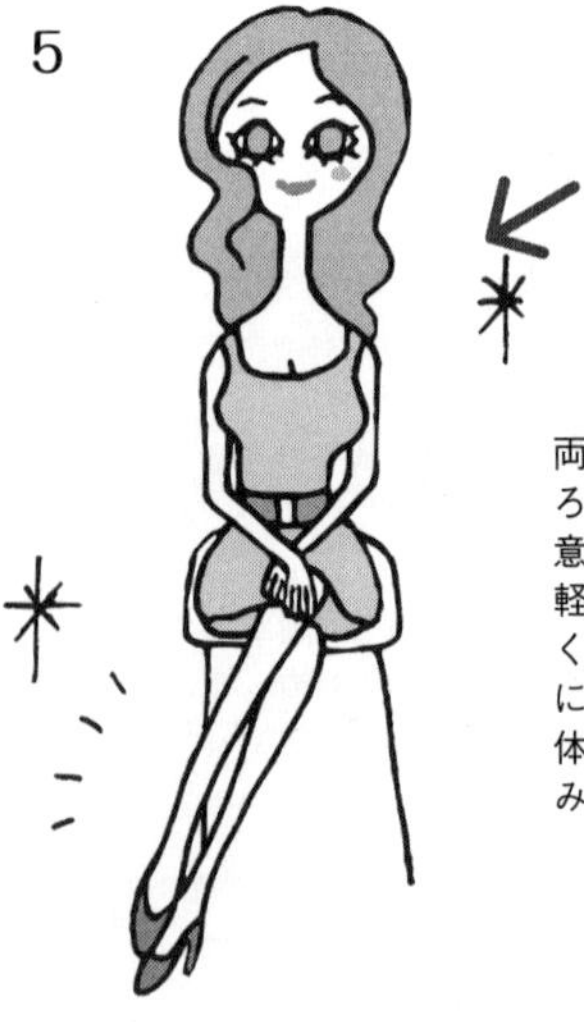

両膝を曲げながら反対側の斜め前に下ろす。このとき両膝が離れないよう注意しましょう。片手でスカートの前を軽く押さえると下着が見える心配がなく、安心です。上体が倒れたり、猫背になったりしないよう腹筋を使って上体を支えましょう。片手で椅子をつかみ上体を支えるとやりやすいでしょう。

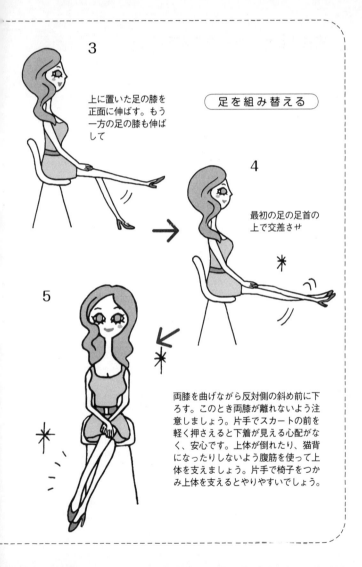

実践11 セクシー・クロスチェンジ

足を組む

斜めに流している下側の足
の膝を一度伸ばし

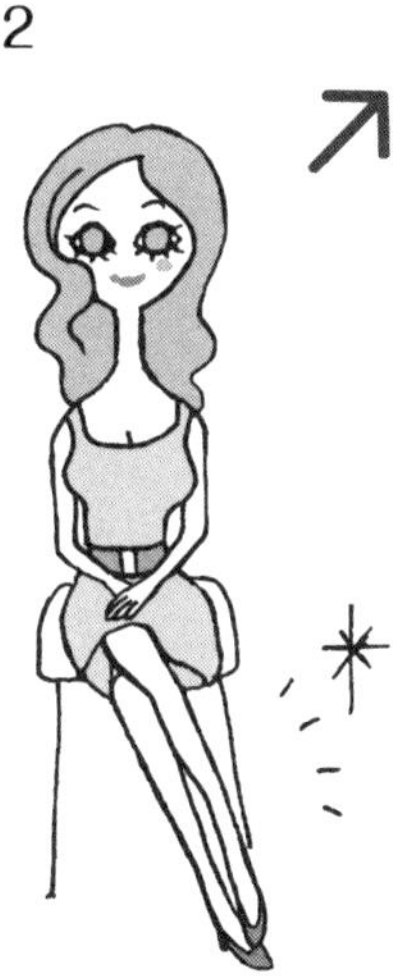

その足をもう一方の
足の上に乗せる。

実践12 プライベート・I《アイ》――オンとオフのギャップの演出

いつもは真面目そうなのに、メガネを外した瞬間、まるで別人のような顔が現れて、「そのギャップにドキッとした」というコメントをよく聞きます。

ドラマでもときどき見かける演出ですが、メガネは、わかりやすくオンとオフのギャップを演出することができます。

メガネというツールには「真面目」「仕事モード」という共通認識があります。なので男性は、女性のメガネを外した姿に、普段人に見せない「素顔の私」を自分にだけ見せてくれたような錯覚に陥るもの。

またいつもメガネをかけている女性のメガネを外した顔は別人のようで「初めての出会い」のような気持ちにもなりドキドキするのです。

オンとオフのギャップの演出に、メガネはもってこいです。

メガネを外して、流し目で悩殺しましょう。

実践12 プライベート・I《アイ》

1

メガネをかけた状態
で男性と向き合う。

2

両手でメガネのフレームを持ち、
顔を左斜めに向け目線を相手から
外す。

3

メガネを外して、ゆっくり顔を戻
しながら男性を見る。

実践13 パスタテンプテーション――おいしそうに食べる姿がエロい

男性には、子孫を残したいというDNAが組み込まれているため、自分の子どもを産み育てられる健康な体力のある女性を求めます。

男性が若い女性が好きなのもこういう理由からです。女性が食べ物をおいしそうに食べる姿は、健康で体力のある印象を与えるので、男性が興奮するのです。

また、食べるという行為は、人間の三大欲求「睡眠欲」「性欲」「食欲」のひとつ「食欲」を満たす行為。本能的な行為であることから、それ自体がエロチックです。

また、唇や舌は性的なイメージを連想させるので、女性の口元を見るだけで男性は性的欲求を刺激されます。

女性がおいしそうに食べる姿、口を動かしたり唇を舐める行為をするだけで、男性はさまざまな妄想を掻き立てられます。

実践13 パスタテンプテーション

1

楽しそうな笑顔で無造作にフォークでパスタをクルクルと巻く。

2

パスタを巻き終わったら、一度男性を見つめて、『ダイヤモンドスマイル』。ゆっくりとフォークを口の位置まで持ち上げる。

3

カラダを男性に対して45度の向きにして、視線を合わせたまま口を大きく開けてパスタを口の中に入れる。フォークを口に入れる瞬間は目を閉じます。

4

再び目を開けて男性を見つめながら舌で唇についたソースを舐める。

実践14 恥じらい・タッチ——歩いているときに後ろから袖口をつまむ

「恥じらい」は、女性に似合う言葉。

恥ずかしがるというのは女性らしさの重要な要素。純情、無垢な処女性を感じさせます。

逆に「恥じらいがない」とは、下品で、図々しく、無遠慮な女性をけなす表現だったりします。恥じらいは、世の男性が女性に、「こうあってほしい」と望む要素です。

だから男性は女性の恥じらう姿にグッとくるのです。

男性はボディタッチも好きですが、無遠慮に大胆に触られるより、恥じらいながらさりげなく触られるほうがよっぽど興奮します。

また、男性は女性に頼られたい、甘えられたいという欲求があるので、たくましい女性より頼ってくる女性を助けたいと思うもの。

女性が恥じらいながら男性の袖口をつまんで甘えたりするのは、男性にとって自尊心が満たされる、たまらなく心地よい瞬間です。

実践14 恥じらい・タッチ

1

男性の少し後ろを歩きながら、袖口をつまむ。

2

男性が振り返って目が合ったらすぐに目を伏せて下を向き

3

しばらくして、もう一度顔を上げて男性を見つめて『ハーフスマイル』を送る。そして、すぐに目線を外します。このアクションは、あえて目線を外し恥ずかしそうにためらう姿を見せるのがポイントです。

実践15 ビーナスのポーズ――モノを拾う姿にゾクゾクする！

女性はまっすぐ立っているときよりも、しゃがんでいる時のほうが、ヒップの丸みが強調されてカラダのメリハリがはっきりするため、より肉感的なボディライン（ビーナスの黄金比率、ウエスト7対ヒップ10のイメージ）になります。

たとえば、いつもはビジネスライクでクールな印象の女性が、モノを拾う瞬間にいきなり肉感的な女性に見えるギャップが男性をクラクラさせるのです。

そして、女性がしゃがんだ姿は、男性からはまるで弱った獲物がうずくまっているように見え、狩猟本能が刺激され襲いかかりたくなるのです。また、上から見下ろしたときに胸の谷間が見えたりしてドキッとします。

女性がしゃがんだままで自分を見上げると、まるで女性が自分の足元にひざまずいているような感覚になり、男性の征服欲は満たされ、ゾクゾクするのです。

実践15 ビーナスのポーズ

1

男性の足元に落ちているモノを拾うとき、まずは落とし物の真横に立つ。

2

そして、男性を見つめながらゆっくりしゃがみます。このとき、上体が前かがみにならないようまっすぐにしたまま、太ももの筋肉を使ってしゃがむ。

3

落とし物を拾うときは下を向き、しっかり拾い上げる。しゃがんだままで男性を下から見上げ、

4

目線を合わせたままゆっくりと立ち上がる。このときも太ももの筋肉を使って上体をまっすぐにしたままスッと立ち上がる。最後に両手を下から円を描くように上げて、拾ったモノを男性に渡す。

実践16 マーキングタッチ&キャンディボイス
——さりげないボディタッチがうれしい!

さりげないボディタッチは男性をその気にさせる愛されテクニックです。

男性は女性ほど皮膚が敏感ではないので（女性は男性の10倍皮膚が敏感）、触り方や場所などは、それほど慎重になることはありませんが、二の腕、ふともも、胸など、筋肉の発達している部位は、男性の萌えポイントです。効果的なタイミングや触り方を覚えて、積極的に触れてあげましょう。

また、耳元に囁く行為は、「自分にだけ秘密を打ち明けられた」と感じ、ドキドキさせる効果があります。耳元に女性の温かい息を感じれば、男性は刺激されます。

デート中、トイレなどで中座するときなど、立ち上がってからボディータッチとキャンディーボイスをすると、女性が席に戻るまで、男性はずっとドキドキしたまま待っていてくれることでしょう。

実践16 マーキングタッチ＆キャンディボイス

1

「ちょっとお手洗いに行ってくるね」と言って立ち上がったら、男性に近づき腕か肩に軽く触れる(『マーキングタッチ』)。内緒話をするように「待っててね」など男性の耳にささやく(『キャンディボイス』)。

2

戻ってきたときも同じ要領で『マーキングタッチ』。「ただいま～」と『キャンディボイス』をして席につきます。『キャンディボイス』は、自分にだけ内緒話をされている気分にさせることが狙いなので、セリフは何でもOKです。

実践17 ミッドナイト・セラピー――手をマッサージして距離を縮める

女性が男性の肩や腕を揉んであげるなどのサービスは、どんな男性でもうれしいものです。マッサージという行為は使い方によってとても積極的なアプローチにもなるので、タイミングや時間の長さなどを上手に使い分けてください。

男性との距離が一気に近づくのは、「お互いの手を握った瞬間」というのがアンケートの結果からわかっています。

距離を縮めたい男性には、手をマッサージしましょう。

男性に「ちょっと手を見せて」と言って手を取り、「疲れているね。マッサージしてあげるね」とマッサージを始めます。これが『ミッドナイト・セラピー』。ゆっくり優しい口調で「頑張ってるね～」「いっぱい神経使ってるんだね」「働き者の手だね」と癒やしの言葉をかけながら、ときどき、目を見つめて微笑みます。

指の一本一本をマッサージして、小指から親指まで終わったら「はい。おしまい。また、いつでもしてあげるね」と言って目を見つめましょう。

実践17 ミッドナイト・セラピー

1

男性の手を取りマッサージ。癒やしの言葉をかけながら、ときどき目を見つめて微笑む。男性の手のひらを両手の親指で開くようにしながらゆっくりマッサージ。

2

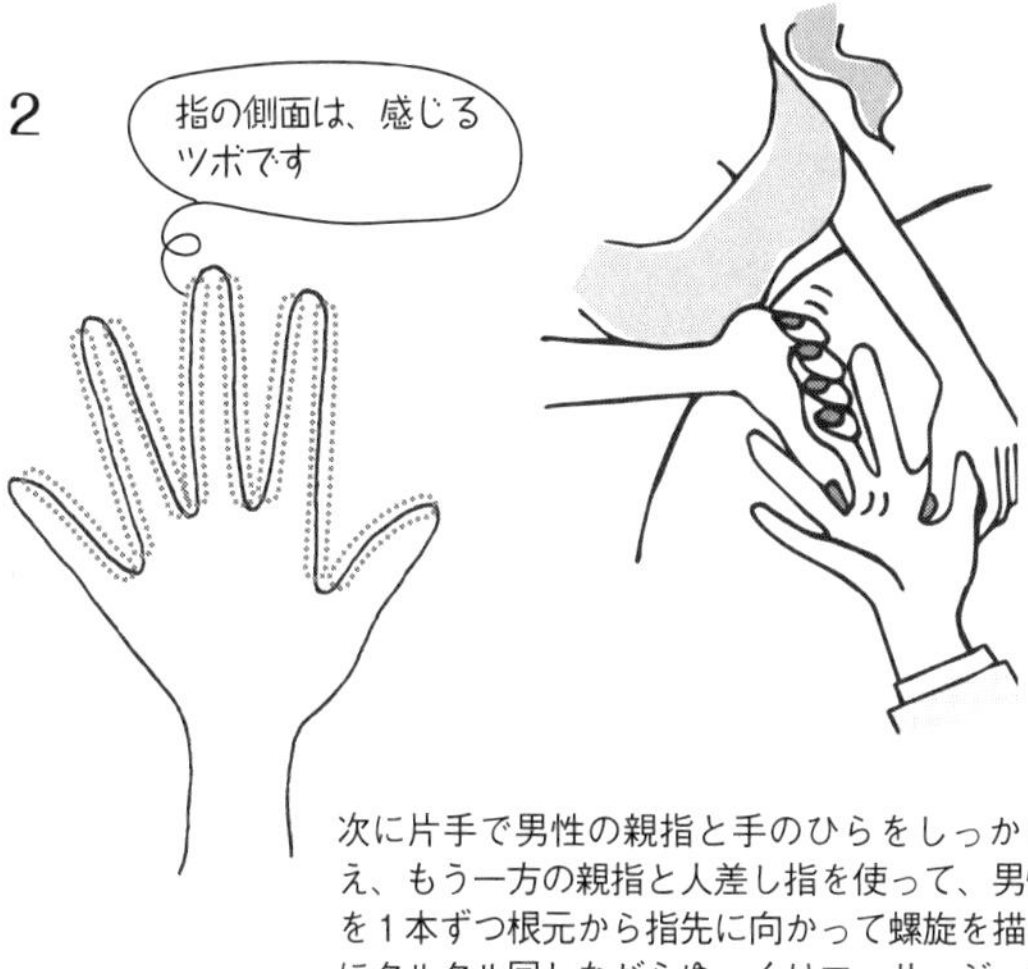

次に片手で男性の親指と手のひらをしっかり押さえ、もう一方の親指と人差し指を使って、男性の指を1本ずつ根元から指先に向かって螺旋を描くようにクルクル回しながらゆっくりマッサージ、最後は指先をきゅっとつまんで離す。

実践18 アーム・ブリッジ、誘惑の香り——シャンプーの香りがたまらない!

男性が好感を持つ女性像のなかに「シャンプーの匂いのする女性」があります。髪は女性の象徴ですが、女性の体温が伝わるとともに漂うシャンプーの香りも「女」そのものを感じさせるからでしょう。

また、シャンプーの香り＝「入浴」＝裸を連想するので、男性は女性のシャンプーの香りに興奮を覚えるのです。

すれ違うときなど、さりげないボディタッチと合わせて、シャンプーの香りを効果的に演出しましょう。

とっておきの方法は、『アーム・ブリッジ、誘惑の香り』です。

男性と横並びで座っているときに使えるテクニックです。

スキンシップ、体温、香りの3つを同時に使って男性を刺激することで、効果が倍増します。

実践18 アーム・ブリッジ、誘惑の香り

男性の向こう側にあるモノを、隣に座ったまま腕を伸ばして取ります。その際に男性の太ももに軽く触れ、カラダを接触させて体温を伝え、男性の顔の前で頭を動かすことでシャンプーの香りを漂わせます。元の位置に戻ったら『プチスマイル』で目を見つめます。

実践19 ショコラ・ギブ&フィンガー・キッス──チョコを食べさせる

同じグラスの飲み物を飲んだり、同じスプーンやフォークを使う行為を間接キスなどと表現します。

指で相手の唇に触れたり食べ物を食べさせてあげたりしたあとに、その指にキスする間接キスは、本物のキスへの期待が膨らむため、男性が興奮するセクシーなアクションです。

親しみを感じる相手、心を許した相手でないとできない行為なので、女性から間接キスをされると、男性はその女性が自分に「心を許している」「好意を持っている」と感じて積極的に接してきます。

間接キスを日常で使えるテクニックとして私が編み出したのは、『ショコラ・ギブ』と『フィンガー・キッス』。

男性に「チョコ食べる?」と聞いて、目を見つめたままチョコを男性の口に入れるテクニックです。

最後は『ハーフスマイル』で。

実践19 ショコラ・ギブ&フィンガー・キッス

1

「チョコ食べる？」と聞いて男性が「うん」と言ったらチョコをつまみ、

2

「食べさせてあげるね」と言って男性の背中に軽く反対側の手を添える。

3

男性の目を見つめながらゆっくりと顔を近づけていき、15センチの距離まできたら、目を見つめたままチョコを男性の口へ。

4

人差し指で男性の唇に触れ、その指にキスをする。

実践20 恋のDNA占い――意外なシチュエーションで女をアピール

普段は恋愛の対象として見ていない男女でも、意外なシチュエーションになったとき、ふたりの関係性が一気に変わることがあります。

男性に「女」を意識させるには、意外なシチュエーションをつくり出す『恋のDNA占い』が効果的！

普段の会話のなかで、唐突に「ねえ、『恋のDNA占い』って知ってる？」と切り出します。男性が「知らないよ」と言ったら「お互いの匂いをかいで、いい匂いって感じると相性がいいんだって」と伝えます。

「やってみる？」と確認し、男性が「いいよ」と言ったら、男性の正面に立ち、男性の肩に両手を置き、男性の目を見ながらゆっくりと男性の胸に顔を近づけていきます。

胸のあたりの匂いをかいだら「いい匂い……」と言って、見つめ、「私の匂いもかいで」と言いながら髪をまとめうなじを見せて、うなじの匂いをかいでもらいましょう。

男性を見つめて「どう？」と聞く。男性が「いい匂い」と言ったら、「私たち相性がいいのかも」と言います。

実践20 恋のDNA占い

1

「お互いの匂いをかいで、いい匂いって感じると相性がいいんだって」

2

「やってみる？」と、男性の正面に立ち、肩に両手を置く。

3

男性の胸にゆっくり顔を近づける。「いい匂い……」

4

「私の匂いもかいで」とうなじを見せて、「どう？」と聞く。男性が「いい匂い」と言ったら、「私たち相性がいいのかも」と言う。

実践21 バイバイ&バイバイ——健気な別れ際を演出

別れ際、別れを惜しむような振る舞いをされると男性はその女性が愛おしくて抱きしめたくなると言います。別れ際のしぐさで「健気」と印象づけることができると、「またすぐに会いたい」と男性に思わせることができます。

別れ際、両手で男性の手を握って「今日は楽しかった！　本当にありがとう！」と『ダイヤモンドスマイル』でお礼を言います。

顔の近くで両手を振りながら『ダイヤモンドスマイル』で「バイバイ」と言います。顔を最後まで残しながら後ろを向き3歩歩き止まります。顔を先に振り向いてもう一度『ダイヤモンドスマイル』。

両手を振りながら「バイバイ」。顔を最後まで残しながら、立ち去っていきます。

間違っても、男性から離れてすぐにスマホをいじったりすることのないようにしてください。後ろ姿を彼が見ているかもしれないので、背中でいい女を演じてください。

実践21 バイバイ&バイバイ

1

顔の横で両手を振りながら『ダイヤモンドスマイル』で「バイバイ」。

2

顔を最後まで残しながら後ろを向き、

3

3歩歩いて止まる。

4

顔から振り向いてもう一度『ダイヤモンドスマイル』で両手を振りながら「バイバイ」。顔を最後まで残しながら、立ち去る。

第6章　永く愛されるヒント

常に恋をしなさい

女性を女性らしくさせるのが女性ホルモンです。女性ホルモンが枯渇すると、外見の輝きが衰えると言われています。産婦人科医に聞いた話では、「卵巣年齢は見た目年齢」とも言われ、女性ホルモンを分泌する卵巣の働きが活発な人は、外見も若いというのは事実なのだそうです。

でも、卵巣の働きを活発にしたい！　と思っても、自分でなんとかできるものではありません（薬などで活性化させる方法はあるようです）。卵巣が活発に働きだし、女性ホルモンが満ち満ちている状態を目指す身近で効率的な方法は、なんと言っても恋をすることだと私は体感しています。

人間には5つの基本的欲求、「生存の欲求」「自由の欲求」「力の欲求」「楽しみの欲求」「愛と所属の欲求」があり、それを満たしたくて行動していると言われています。女性は「愛と所属の欲求」がもっとも強いので、この欲求が満たされることで、そのほかの「生存の欲求」「自由の欲求」「力の欲求」「楽しみの欲求」への満足度も高くなります。逆に「愛と所属の欲求」が満たされないと、ほかの4つの欲求が満たされたとしても、至福感を味わいにくいのです。

女性は、この「愛と所属の欲求」を男性との関係で得られるようにできています。そして、これが満たされると、女性のカラダからさまざまなホルモンが分泌し、心身ともに女性らしくなるのです。

美しくなるために恋をする

恋人ができたら、別の男性にもモテ始めた経験をした方は多いでしょう。恋をするメリットは、美しさもアップするということ。恋をしている女性は何歳であっても、まるで少女のように輝きます。だから、恋人以外の男性も引き寄せるのです。それは恋によってたくさんの恋愛ホルモンが分泌され、それらの働きによって女性の心とカラダに更に変化を与えてくれるからです。

恋によって分泌される代表的な恋愛ホルモンと、それが女性の心とカラダにどんな変化を与えるのかを紹介しましょう。

○ドーパミン：別名、脳内麻薬。快感を与えてくれるもの。「興奮ホルモン」とも呼ばれ、一度でも快感を覚えた行動に再び人を駆り立てる。ドーパミンが分泌されると興奮状態になり、痛みを感じにくくなったり、仕事の効率もよくなったり、成績が上がったりする

○エストロゲン：女性ホルモンの代表。女性らしさをつくるホルモン。豊かな胸、くびれたウエスト、艶髪、艶肌など

○エンドルフィン：別名、ハピネスホルモン。「なんか気持ちいいな〜」というふわっとした幸せな感情をもたらす。人との絆を強め、前向きな考え方になりやすくなる

○PEA（フェニルエチルアミン）：別名、ときめきホルモン。性欲を高め、食欲を減退させ、眠気を吹き飛ばし、集中力を向上させる。

○アドレナリン：興奮したときに分泌する。呼吸を早め、血圧を上昇させ、集中力を高める

○オキシトシン：別名、愛と信頼のホルモン。人との絆を強める。大好きな人とセックスしたときや出産時に大量に分泌される。人はこれを分泌させてくれた相手を信じやすくなる。子どもを溺愛したり、恋人を全面的に信用したり。多く分泌されると考え方が前向きになる

○セロトニン：別名、リラックスホルモン。心を安定させてくれる。心身ともに安定した状態でいると多く分泌される
○バゾプレッシン：別名、浮気防止ホルモン。恋人同士の絆を強める。ひとりの異性との結びつきを強めてくれる

恋をすることで、これらの恋愛ホルモンが分泌されます。ウソだと思ったら、周りの人をよく観察してください。輝いている人は、大好きな人がいるか、気になる人がいるか、素敵な出会いを経験しているはずです。

婚活の一環として恋をするのではなく、「美しくなるために恋をする」と割りきってみるのもいいかもしれません。

「女性脳」を効果的に使う

性格もよくて、仕事もできて、きれい！　なのに、なぜか彼氏ができない人がいます。なぜでしょうか？　魅力的なのに彼氏ができないのは、その女性が「男性脳」で物事をとらえる癖がついているからなのです。

「男性脳」とは、「恋愛よりも仕事を優先する」「周囲の男性にときめかない」「恋か仕事か、ふたつにひとつを選ぶ」「一点集中」「視覚優位」などが特徴です。

「女性脳」の特徴は、「楽しいことをする」「同時に複数のことに興味を持つ」「感覚優位」なので、仕事より恋愛を重視し、周囲の男性にときめくこともあるし、仕事と恋愛を両立できるのです。

恋愛も仕事も自由も、すべてをかなえる唯一の方法があります。それは「女性脳」をトレーニングすること。「女性脳」を効果的に使えれば、婚活などしなくても自然に恋愛ができるようになります。

いつでも『ダイヤモンドスマイル』

「彼氏が結婚に向いているかどうか」「この人と結婚しても大丈夫かどうか」。これらは、多くの女性が抱える悩みです。

相手のマイナスポイントを見始めると、もうおそろしくて結婚なんてできません。結婚は弾みでするものですから。その人を丸ごと受け入れる以外に方法がないので、「とりあえずしてみる」しかありません！　恋愛時代の愛情を結婚してからもキープすることは本当に難しい。ほとんどの人は、恋愛時代の「好き」の度数より結婚してからの「好き」のほうが下がります。

でもそれは男性も同じこと。男性のモチベーションを上げるのは、女性の役割。結婚したということは、ひとりの男性に決めたということなので、その人のためだけに、第5章のテクニックを使いまくればいいのです。このテクニックのいいところは、感情とアクションを切り離せるところ。

たとえば、うれしいとか、悲しいとかという感情は抜きにして『ダイヤモンドスマイル』をしようと私は言っています。その人のことを好きでなかったとしても、たとえ嫌いでも、笑うのです。

結婚して何年か経つと、恋愛ホルモンが消えてしまい、「どうしてこんな人のことを好きになったのかしら」と思ってしまうことも……。それでも、顔だけは『ダイヤモンドスマイル』でいてください。

ダンナ様だって、仕事が大変だったり、悩みを抱えていたりするでしょう。奥様に女性らしく接してもらえれば、やる気が出てくるのです。

女性の接し方次第で、男性は変わるのです。愛が冷めていても、ちょっとだけ頑張って、女性らしく振る舞って、夫に気配りをしてあげることで、関係はよくなります。愛が冷めてからが本当の勝負です。愛され女子として、腕の見せどころ!

日頃のおこないが表に出る

人が見ているところで何をするかよりも、人が見ていないところで何をするかのほうが大切です。好みの男性の前ではニコニコしているのに、興味のない人に対してはブスッとしている女性がいます。男性の前では愛想を振りまきますが、化粧室のなかでは態度がふてぶてしく、言葉遣いが乱暴になる人も。

デートのとき、彼氏とは丁寧に話すのに、彼がいなくなると途端に店員さんに横柄な態度をとる女性もいます。愛されない女性の典型的な例です。

私の会社では、「大人の色気セミナー」の講師を養成するセミナーも開催しています。ここで伝えているのは、「講師=生き方」だということ。講師は人の前でお話しするのが仕事。聞いている人を感動させる話し方や、話の組み立て方も勉強しますが、大事なのは講座のときだけではなく、それ以外の時間です。普段の生き方が、講座のときに出るのです。相手を納得させられるかどうかは、その人の生き方次第です。

私は「大人の色気セミナー」の講師として、男性に愛される女性の魅力について、男性に愛されるための考え方や表現の仕方を指導しています。

私は「大人の色気のある女性」だから（まだまだ道半ばですが）、そこでお話しすることが許されているのです。しかし、もし私が、セミナー会場を出た瞬間にいきなり猫背、ガニ股で歩き始めたとしたらどうでしょうか。そんな講師の言葉が生徒さんの心に刺さるはずがありません。いくら言葉で飾っても、聞く人をだますことはできません。自分が伝えていることをいかに実践するかが問われているのです。

「私もななさんのようになりたい」

そんなふうに私を目標にして、講師を目指す人がいます。本当にうれしいことなのですが、その人たちが見ているのは人前に立って講師をしているときの私の表の部分だけ。人が見ていないところでしていることに「おかざきななの答え」があるのですが、そこに興味を持ってくれる人は多くありません。

私はセミナーのとき以上に、日常生活でも「大人の色気のある女性」としての振る舞いを研究・実践しています。いま以上に大人の色気を極めるために、自身の表現力を磨くトレーニングをやり続けています。私のメンターは私自身なので、私が「自分として恥ずかしくないように」心がけています。いつももうひとりの自分が、自分の行動をチェックしています。人と接するときでも、ゴミを拾うときでも、「大人の色気」のポリシーに忠実に、作法通りに行います。

不思議なことですが、見えないところでやっていることは、人に見られているものです。飲食店をしている私の彼がこう言っていました。

「お店に来るカップルのなかで『大人の色気』のある女性がいる。連れの男性がトイレに立ったとき、10人中9人の女性はスマホをいじるけれど、その人はテーブルをさっと片づけるんだ。男性が見ていないときに気配りができる女の人って『大人の色気』があるなって思う。こういう女性は店員に対しても間違いなく丁寧に接してくれるよ」

「見えないところで何をするか」に愛され女子の極意が隠れています。日頃のおこないは、表に出てくるものなのです。

自分磨きは生涯のオシゴト

第二次世界大戦が終わった頃（1945年）の平均寿命は53・96歳でした。当時の女性は「人生50年」のストーリーを描くことしかできず、ほとんどの時間を家事と育児に費やしていました。洗濯機も掃除機も普及していない時代なのに当時の合計特殊出生率は４・５４。今の４倍です。

20代前半で結婚し子どもを産み、30代は家事と子育てに追われ、40代半ばになるとさっさと女を引退してオバさんになり、50代でお婆さんになった時代です。戦後の家族を描いた漫画『サザエさん』のフネさんがいい例ですね。漫画のフネさんは、実は48歳です。

その時代から70年しか経っていませんが、女性の環境は大きく変わりました。全自動洗濯機やお部屋を勝手にクルクル回ってくれる掃除機も、高性能の炊飯器もあります。コンビニに行けば24時間３６５日、手をかけずに済むお惣菜が並んでいます。栄養状態もよくなり平均寿命が32・８７歳も伸びて、時間も体力も有り余っているはずなのに、２０１４年の合計特殊出生率は１・４２。生涯結婚しない女性（10・６％）も、子どもを産まない、子どもを産みたいが、さまざまな理由で産めない女性（27％）もいます。

30歳を過ぎても焦りもせず、婚活しなきゃと言いながらも一向に彼をつくる気配もないまま40歳を迎える女性がいます。一方で「30過ぎたら女は終わり」「もう年だから」と積極的にオバさん化していく女性もいるし、さっさと結婚をあきらめ「おひとり様の老後」のための準備をしている女性も。

もう20年以上前になるでしょうか。森高千里さんの『私がオバさんになっても』という曲が大ヒットしました。森高さんが美脚を出して、私がオバさんになっても泳ぎに連れてくの？　と歌ったあの曲です。どうでしょうか？　オバさんを泳ぎに連れていくことができるでしょうか？　無理ですよね。

オバさんは、年齢を重ねた女性のことではありません。女としての誇りを捨て、身だしなみを放棄し、人目を気にせずガサツな振る舞いをする人——女性を引退した人です。

いま日本人女性の平均寿命は86・83歳、世界一長寿です。50％の女性は90年以上生きるようになったということです。花の盛りを過ぎ成熟した大人の女性として、30歳から90歳までの60年間をどう生きるかが問われているのです。

30歳を過ぎた大人の女性たちが、86歳まで現役の女性として輝いていければ、これほど素晴らしいことはないでしょう。

〝オジさん化〟する前に

自分磨きをしない理由に「トシダカラ」と言う人がいます。

「疲れやすくなったのはトシダカラ……」

「化粧のノリが悪いのはトシダカラ……」

「愛されなくなったのはトシダカラ……」

「トシダカラ」のほかには、「ジカンガナイカラ」「オカネガナイカラ」もあります。

これらの言葉のあとには、「……だから、私なんか、無理無理……」と続きます。

これは、「愛され意識」の最大の敵です。

女性が人生でもっとも輝いている20代のときは、努力をしなくても、男性が近寄ってくるものです。しかし、30歳を過ぎてからは自分に手をかけないと美しさも向上しません。

「美しくなりたい」というのは、女性のシンプルな願望です。美しさは女の価値であり、誇りです。「美しくなりたい」という願望、誇りを捨てたら、女は終わりです。女が終わると「オバさん化」が始まり、やがて「オジさん化」もやってきます。

「オバさん」を好きになる男性がいるでしょうか？　「オジさん」なんて、もってのほかです。「女を捨てる」という言葉がありますが、正しくは「女として生きる誇りを捨てる」でしょう。何があっても、「女」は捨てないでください。

「女」を捨てても男にはなれません。男にもなれない女はどうなるのでしょうか。

「鬼婆」です。かつて、私が鏡のなかで見た、あの怖い鬼婆です。

女として生きることを放棄しても、明日は来ます。女を捨てて365日を生きるのは苦しくて仕方がないでしょう。この先、10年も20年も30年も続くのですから。「トシダカラ」と言い訳しても、何も戻ってはきません。

呪文のように言い訳しているうちに40代になり、50代になり、60代、70代になっていくのです……。そうして朽ち果てる人生が幸せなはずがないでしょう。

私たち女は、一生を女として生きるしか方法がありません。美しい女として生きるか、女を捨てて鬼婆になるのか——あなたはどちらを選びますか？

昨日よりも今日、今日よりも明日と、私はもっと美しくなりたい。いつまでも美しい女性でいるからこそ、男性に「一緒にいたい」と思ってもらえるのです。

今もこれからも女でいること

女性は「いくつになっても男性から愛される存在であってほしい」「一生、女でいてほしい」と私は思っています。

80歳になっても、90歳になっても、「オバさん」にも「おばあちゃん」にもならないで、「愛され女子」であってほしい。

私の講座の受講生に、68歳の女性がいます。ずっと独身で、お堅い会社の社員教育をしている方。すべてがきちんとしていて、服装も話し方も、身のこなしも素晴らしい。そんな彼女に愛されしぐさをご指導すると、恥ずかしがりながらもすごく一生懸命にレッスンを続けてくれました。

「ななさん、ワタクシは68年間生きてきて、こんなことはしたことがございません」

そんなふうに言う女性に、「次の講座までに、５人の男性とデートしてくること」という宿題を出しました。また、あるときは「街でナンパされて、最低ひとりとお茶すること」という宿題も。

ところが、その女性は、宿題をちゃんとこなしてきたのです。

「ナンパされたことも、ナンパしてきた人とお茶を飲むことも初めてで……これまでの私の人生ではありえない経験でした」と彼女は言います。

よくよく話を聞いてみると――その女性に声をかけてきたのは70歳の男性でした。立派な紳士で「女性に声をかけたのは初めてだ」と言ったそうです。

「あまりに私が素敵だったので、声をかけてくださったんですよ。２時間くらい、お互いの人生について話をして、お別れしました」と報告を受けました。

連絡先を交換することはなかったそうですが、「すごく楽しい経験でした！　ななさんのおかげです。ありがとう！」と言ってくださいました。うれしかったです！

どんなところにも、いい出会いは転がっています。

それを活かすかどうかは、女性次第なのです。


女性として死ぬまで現役で。一生、恋をし続けましょう。死ぬその瞬間まで、恋愛ホルモンが分泌している女性でいましょう。

女性がきれいな花でいる限り、素敵な蝶々が女性のところに集まってくるはずです！

まとめ　心得10ヵ条

この本のまとめとして、私がいつも心に秘めている「愛され女子の心得」をお教えしましょう。これをしっかりと心に刻めば、必ず愛されます。

1．女性は男性の価値を上げるアクセサリーになれ

「いい女を連れて歩けるのは成功者の証」。どんな女性と一緒にいるかで男性の価値が決まります。年齢に関係なく、女性の見た目がよければ男性の評価が上がり、逆だと評価が下がります。男性の価値を上げるために女性は、徹底的に外見を磨くべきです。

2．男性の要求に応えられる気力、体力を持て

男性が求めることに100パーセント応えられる女性でありたいものです。たとえそれが、自分にとって不得意なこと、不本意だと感じられる要求であったとしても、愛する男性のために全力で応じること。そのためには日頃から気力、体力を養っておく必要があります。

3．昼は処女のように、夜は娼婦のように振る舞え

普段は女性としての恥じらいを忘れず、清潔で純粋で慎み深く男性を立てる処女性があり、夜は本能のままに悦びを大胆に表す大人のエロスがある。100歳になっても、この両方を持ち続ける女性を目指しましょう。

4．人生の目的は愛する男性に愛されること

男性に愛されるためには、美と健康を保ち、センスを磨き、料理や掃除ができ、優しくて品があり、子どもをかわいがり、弱者をいたわらなければなりません。さらに、仕事で成果を出し、周囲から尊敬され社会に貢献する女性になること。愛する男性に愛されることを追求する女性は、人生が輝きます。

5．浮気や火遊びはしない。するのは本気の恋だけ

女性は本気の恋をすれば、オキシトシンというホルモンが分泌され、優しくなり、外見もきれいになります。浮気や遊びの恋ではオキシトシンが出ないので、1万回遊んでもただ時間と体力を使うだけ。本気の恋だけが、女性の心とカラダを輝かせてくれるのです。

6．女性の都合より男性の立場を優先せよ

男性は恋愛や趣味よりも社会的立場を優先して行動するので、女性との約束や女性の感情や都合に合わせることができないと理解すること。自分の感情や都合よりも、男性の立場や事情を優先し、柔軟に対応することが女性の重要な役割です。

7．男性のプライドは命がけで守るべし

男性は自尊心を何より大事にしています。男性の自尊心を満たすために何をするべきか、自尊心を傷つけないために何をしてはいけないかを考え、徹底的に実践することが重要。どんな男性でも、相手を立て、プライドを尊重しなければなりません。

8．目の前の男性だけを見て、その男性に貞操を誓う

愛する男性がそばにいるときは、その人以外のことを考えてはいけません。仕事のこと、前の彼氏のこと、ふたりの将来のことなどは考えず、彼を愛することだけに集中しましょう。ふたりの関係に必要なのは、ただ愛し合うことだけ。過去や未来は一切不要。大切なのは、〝いま〟です。

9．一度愛した男性は恋が終わっても感謝し続けるべし

恋愛を通じて多くのことを学び成長できたのは、自分と一対一で付き合ってくれた男性のおかげ。恋愛関係が終わったとしても人間関係を切ることなく、女性として磨いてもらった

恩を忘れず、尊敬と感謝の気持ちを持って接していきましょう。

10. 仕事より愛する男性との時間を優先せよ

男性より仕事を選ぶのは、間違った選択です。なぜなら、「力の欲求」よりも「愛の欲求」が女性は強いもの。「男性を愛すること」を人生で最優先すると決めれば、生き方の迷いはなくなります。

明日と言わず、今日から「10ヵ条」を意識してください。そうすれば、あなたのまわりの何かが変わるはずです。

おわりに　することは、たったひとつ！

今日から「愛され女子」になるためにすることはただひとつです。愛され女子たちの真似をするだけ。ただそれだけでいいのです。タレント、アニメキャラ、一般女性など私たちの周りには愛され女子のお手本がたくさんいます。

本書で紹介した「コツ」を真似するだけで、愛され女子になるのです。最初は、ちょっと抵抗があるかもしれません。なぜなら女性の心の闇にひそむ「オトコ」や「おっさん」が、女性らしいしぐさや振る舞いを拒否するからです。だから、心から女性らしくならなくていいんです。まずはフリだけでいいので「女優」になったつもりで真似してください。

すぐに効果を発揮し、福山雅治さんや向井理さんクラスのイケてる男性からプロポーズされるかもしれません。

私は、愛され女子のマネをただひたすら15年間繰り返してきただけなのに、15年前より今のほうが、もっと愛されています。

何歳であっても私は私のままでいいんだと、女性としての自信を持てます。そうすると自分が大好きになり毎日が楽しくて、仕事も恋も人生で欲しいもののすべてが手に入り、人生が充実します。

最後までお読みいただきありがとうございました。

私もまだまだ女として未熟者で、ひよっこですが、少しだけ人生の先輩として「愛されるコツ」と「オトコ心」について書かせていただきました。

今、「私は世界一幸せなオンナ！」と思っています。それは、私を陰でずっと支えてくれているスタッフや、周囲の仲間や、今でも応援してくれる3人の元旦那たち、ぐれずに成長してくれた3人の子どもたちに愛されているお陰です。そして何より、どんな時も見守ってくれている今の彼の大きな愛のお陰です。感謝しています。ありがとう！　また、出版にあたりアドバイスをくださった元永知宏さん、講談社の依田則子さん、素敵なイラストを書いてくださったふせゆみさん、本当にありがとうございました。

すべての女性が〝愛され女子〟としてますます輝くことを、心から祈っています。

おかざきなな

CANBEスタープロダクション代表。恋愛コンサルタント。10代で女優デビューし20代で芸能プロダクションを設立。芸能プロ社長として6万人をオーディションし、女優の市川由衣、「ゆず」の北川悠仁ほか、100名以上をデビューさせた実績をもつ。女優や芸能人の印象や存在感を研究するなかで魅力には法則があることを発見。現在はタレントだけではなく、OL、主婦、経営者、営業ウーマンに「真の女性らしさ」を指導している。講座実績は、東京を中心に10年間で1200回以上、講座参加者は1万人以上になる。

講談社＋α新書《プラスアルファ》 718-1 A

男が選ぶオンナたち
愛《あい》され女子《じょし》研究《けんきゅう》

おかざきなな ©Nana Okazaki 2016

2016年2月18日第1刷発行

発行者―――鈴木 哲
発行所―――株式会社 講談社
東京都文京区音羽2-12-21 〒112-8001
電話 編集(03)5395-3522
販売(03)5395-4415
業務(03)5395-3615
装画―――ふせゆみ
協力―――元永知宏
デザイン―――鈴木成一デザイン室
カバー印刷―――共同印刷株式会社
印刷―――慶昌堂印刷株式会社
製本―――牧製本印刷株式会社

定価はカバーに表示してあります。

落丁本・乱丁本は購入書店名を明記のうえ、小社業務あてにお送りください。

送料は小社負担にてお取り替えします。

なお、この本の内容についてのお問い合わせは第一事業局企画部「＋α新書」あてにお願いいたします。


ISBN978-4-06-272926-0

講談社＋α新書

書名	著者	内容	価格	番号
成功者は端っこにいる 勝たない発想で勝つ	中島 武	350店以上の繁盛店を有する飲食業界の鬼才の起業は40歳過ぎ。人生を強く生きる秘訣とは	838円	629-1 A
若々しい人がいつも心がけている21の「脳内習慣」	藤木相元	脳に思いこませれば、だれでも10歳若い顔になる！「藤木流脳相学」の極意、ついに登場！	838円	630-1 B
新しいお伊勢参り “おかげ年”の参拝が、一番得をする！	井上宏生	伊勢神宮は、式年遷宮の翌年に参拝するほうがご利益がある！幸せをいただく(得)お参り術	840円	631-1 A
日本全国「ローカル缶詰」驚きの逸品36	黒川勇人	「ご当地缶詰」はなぜ愛されるのか？うまい、取り寄せできる！抱腹絶倒の雑学・実用読本	840円	632-1 D
缶詰博士が選ぶ！「レジェンド缶詰」究極の逸品36	黒川勇人	落語家・春風亭昇太師匠も激賞！究極中の究極の缶詰36種を、缶詰博士が厳選して徹底紹介	880円	632-2 D
溶けていく暴力団	溝口 敦	反社会的勢力と対峙し続けた半世紀の戦いの集大成！新しい「暴力」をどう見極めるべきか!?	840円	633-1 C
日本は世界1位の政府資産大国	髙橋洋一	米国の4倍もある政府資産⇩国債はバカ売れ!! すぐ売れる金融資産だけで300兆円もある！	840円	634-1 C
数学・データ・統計的に正しい日本の針路	髙橋洋一	就業者数＝増、自殺者＝減のアベノミクスは◎。政治家・官僚・マスコミの間違いを全て正す！	880円	634-2 C
外国人が選んだ日本百景	ステファン・シャウエッカー	旅先選びの新基準は「外国人を唸らせる日本」あなたの故郷も実は、立派な世界遺産だった!!	890円	635-1 D
もてる！『星の王子さま』効果 女性の心をつかむ18の法則	晴香葉子	なぜ、もてる男は『星の王子さま』を読むのか？人気心理カウンセラーが説く、男の魅力倍増法	840円	636-1 A
「治る」ことをあきらめる「死に方上手」のすすめ	中村仁一	ベストセラー『大往生したけりゃ医療とかかわるな』を書いた医師が贈る、ラストメッセージ	840円	637-1 B

表示価格はすべて本体価格（税別）です。本体価格は変更することがあります

講談社+α新書

偽悪のすすめ 嫌われることが怖くなくなる生き方
坂上 忍
迎合は悪。空気は読むな。予定調和を突き抜ければ本質が見えてくる。話題の著者の超人生訓
840円 638-1 A

日本人だからこそ「ご飯」を食べるな 肉・卵・チーズが健康長寿をつくる
渡辺信幸
テレビ東京「主治医が見つかる診療所」登場。3000人以上が健康&ダイエットを達成！
890円 639-1 B

改正・日本国憲法
田村重信
左からではなく、ど真ん中を行く憲法解説書!! 50のQ&Aで全て納得、安倍政権でこうなる！
880円 640-1 C

筑波大学附属病院とクックパッドのおいしく治す「糖尿病食」
矢作直也
「安心＝筑波大」「おいしい＝クックパッド」の最強タッグが作った、続けられる糖尿病食の全貌
840円 641-1 B

「脊柱管狭窄症《せきちゅうかんきょうさくしょう》」が怖くなくなる本 20歳若返る姿勢と生活の習慣
福辻鋭記
ベストセラー『寝るだけダイエット』の著者が編み出した、究極の老化防止メソッド！
800円 642-1 B

白鵬のメンタル 人生が10倍大きくなる「流れ」の構造
内藤堅志
大横綱の強さの秘密は体ではなく心にあった!! メンタルが弱かった白鵬が変身したメソッド！
880円 643-1 A

人生も仕事も変える「対話力」 日本人に闘うディベートはいらない
小林正弥
「ハーバード白熱教室」を解説し、対話型講義のリーダー的存在の著者が、対話の秘訣を伝授！
890円 644-1 C

霊峰富士の力 日本人がFUJISANの虜になる理由
加門七海
ご来光、神社参拝、そして逆さ富士……。富士山からパワーをいただく〝通〟の秘伝を紹介！
840円 645-1 A

「先送り」は生物学的に正しい 究極の生き残る技術
宮竹貴久
死んだふり、擬態、パラサイト……生物たちが実践する不道徳な対捕食者戦略にいまこそ学べ
840円 646-1 A

女のカラダ、悩みの9割は眉唾
宋《ソン》美《ミ》玄《ヒョン》
「オス化」「卵子老化」「プレ更年期」etc.女を翻弄するトンデモ情報に、女医が真っ向から挑む！
840円 647-1 B

自分の「性格説明書」9つのタイプ
安村明史
人間の性格は9種類だけ⇩人生は実は簡単だ!! ドラえもんタイプは博愛主義者など、徹底解説
840円 648-1 A

表示価格はすべて本体価格（税別）です。本体価格は変更することがあります

講談社＋α新書

書名	著者	内容	価格	番号
テレビに映る中国の97％は嘘である	小林史憲	村上龍氏絶賛！「中国は一筋縄ではいかない。一筋縄ではいかない男、小林史憲がそれを暴く」	920円	649-1 C
「声だけ」で印象は10倍変えられる	高牧　康	気鋭のヴォイス・ティーチャーが「人間オンチ」を矯正し、自信豊かに見た目をよくする法を伝授	840円	650-1 B
高血圧はほっとくのが一番	松本光正	国民病「高血圧症」は虚構!!　患者数5500万人の大ウソを暴き、正しい対策を説く！	840円	651-1 B
マネる技術	コロッケ	あの超絶ステージはいかにして生み出されるのか。その模倣と創造の技術を初めて明かす一冊	840円	652-1 C
嫁ハンをいたわってやりたい　ダンナのための妊娠出産読本	荻田和秀	つわり、予定日、陣痛……わからないことだらけの妊婦の実情。夫が知るべき本当のところ！	760円	653-1 B
会社が正論すぎて、働きたくなくなる　心折れた会社と一緒に潰れるな	細井智彦	社員のヤル気をなくす正論が日本企業に蔓延！　転職トップエージェントがタフな働き方を伝授	840円	653-1 C
母と子は必ず、わかり合える　遠距離介護5年間の真実	舛添要一	「世界最高福祉都市」を目指す原点…母の介護で嘗めた辛酸…母子最後の日々から考える幸福	880円	654-1 C
毒蝮流！　ことばで介護	毒蝮三太夫	「おいババア、生きてるか」毒舌を吐きながらも喜ばれる、マムシ流高齢者との触れ合い術	840円	655-1 A
ジパングの海　資源大国ニッポンへの道	横瀬久芳	日本の海の広さは世界6位――その海底に約200兆円もの鉱物資源が埋蔵されている可能性が!?	880円	656-1 C
「骨ストレッチ」ランニング　心地よく速く走る骨の使い方	松村　卓	骨を正しく使うと筋肉は勝手にパワーを発揮!!　誰でも高橋尚子や桐生祥秀になれる秘密の全て	840円	657-1 B
「うちの新人」を最速で「一人前」にする技術　美容業界の人材育成に学ぶ	野嶋　朗	へこむ、拗ねる、すぐ辞める「ゆとり世代」をいかに即戦力に!?　お嘆きの部課長、先輩社員必読！	840円	658-1 C

表示価格はすべて本体価格（税別）です。本体価格は変更することがあります

講談社+α新書

40代からの 退化させない肉体 進化する精神
山﨑武司
努力したから必ず成功するわけではない——高齢スラッガーがはじめて明かす心と体と思考！
840円 659-1 B

ツイッターとフェイスブック そしてホリエモンの時代は終わった
梅崎健理
流行語大賞「なう」受賞者—コンピュータは街の中で「紙」になる、ニューアナログの時代に
840円 660-1 C

医療詐欺 「先端医療」と「新薬」は、まず疑うのが正しい
上 昌広
先端医療の捏造、新薬をめぐる不正と腐敗。崩壊寸前の日本の医療を救う、覚悟の内部告発！
840円 661-1 B

長生きは「唾液」で決まる！ 「口《くち》」ストレッチで全身が健康になる
植田耕一郎
歯から健康は作られ、口から健康は崩れる。その要となるのは、なんと「唾液《つば》」だった!?
800円 662-1 B

マッサン流「大人酒の目利き」 「日本ウイスキーの父」竹鶴政孝に学ぶ11の流儀
野田浩史
朝ドラのモデルになり、「日本人魂」で酒の流儀を磨きあげた男の一生を名バーテンダーが解説
840円 663-1 D

63歳で健康な人は、なぜ100歳まで元気なのか 人生に4回ある「新厄年」のサイエンス
板倉弘重
75万人のデータが証明!! 4つの「新厄年」に人生と寿命が決まる！ 120歳まで寿命は延びる
880円 664-1 B

預金バカ 賢い人は銀行預金をやめている
中野晴啓
低コスト、積み立て、国際分散、長期投資で年金不信時代に安心を作ると話題の社長が教示!!
840円 665-1 C

万病を予防する「いいふくらはぎ」の作り方
大内晃一
揉むだけじゃダメ！ 身体の内と外から血流・気の流れを改善し健康になる決定版メソッド!!
800円 666-1 B

なぜ世界でいま、「ハゲ」がクールなのか
福本容子
カリスマCEOから政治家、スターまで、今や皆ボウズファッション。新ムーブメントに迫る
840円 667-1 A

2020年日本から米軍はいなくなる
飯柴智亮 聞き手・小峯隆生
米軍は中国軍の戦力を冷静に分析し、冷酷に撤退する。それこそが米軍のものの考え方
800円 668-1 C

テレビに映る北朝鮮の98%は嘘である よど号ハイジャック犯と見た真実の裏側
椎野礼仁
よど号ハイジャック犯と共に5回取材した平壌…煌やかに変貌した街のテレビに映らない嘘!?
840円 669-1 C

表示価格はすべて本体価格（税別）です。本体価格は変更することがあります

講談社+α新書

50歳を超えたらもう年をとらない46の法則 「新しい大人」という50+《フィフティプラス》世代はビジネスの宝庫
阪本節郎
「オジサン」と呼びかけられても、自分のこととは気づかないシニアが急増のワケに迫る！
880円 670-1 D

常識はずれの増客術
中村　元
資金がない、売りがない、場所が悪い……崖っぷちの水族館を、集客15倍増にした成功の秘訣
840円 671-1 C

イギリス人アナリスト日本の国宝を守る 雇用400万人、GDP8パーセント成長への提言
デービッド・アトキンソン
日本再生へ、青い目の裏千家が四百万人の雇用創出と二兆九千億円の経済効果を発掘する！
840円 672-1 C

イギリス人アナリストだからわかった日本の「強み」「弱み」
デービッド・アトキンソン
日本が誇るべきは「おもてなし」より「やわらか頭」！ はじめて読む本当に日本のためになる本!!
840円 672-2 C

三浦雄一郎の肉体と心 80歳でエベレストに登る7つの秘密
大城和恵
日本初の国際山岳医が徹底解剖!! 普段はメタボ…「年寄りの半日仕事」で夢を実現する方法!!
840円 673-1 B

回春セルフ整体術 尾骨と恥骨を水平にすると愛と性が甦る
大庭史榔
105万人の体を変えたカリスマ整体師の秘技!! 薬なしで究極のセックスが100歳までできる！
840円 674-1 B

「腸内酵素力」で、ボケもがんも寄りつかない
髙畑宗明
アメリカでも酵素研究が評価される著者による腸の酵素の驚くべき役割と、活性化の秘訣公開
840円 676-1 B

実録・自衛隊パイロットたちが目撃したＵＦＯ 地球外生命は原発を見張っている
佐藤　守
飛行時間3800時間の元空将が得た、14人の自衛官の証言!! 地球外生命は必ず存在する！
890円 677-1 D

臆病なワルで勝ち抜く！ 日本橋たいめいけん三代目「100年続ける」商売の作り方
茂出木浩司
色黒でチャラいが腕は超一流！ 創業昭和6年の老舗洋食店三代目の破天荒成功哲学が面白い
840円 678-1 C

「リアル不動心」メンタルトレーニング
佐山　聡
初代タイガーマスク・佐山聡が編み出したストレスに克つ超簡単自律神経トレーニングバイブル
840円 680-1 A

人生を決めるのは脳が1割、腸が9割！ 「むくみ腸」を治せば仕事も恋愛もうまく行く
小林弘幸
「むくみ腸」が5ミリやせれば、ウエストは5センチもやせる、人生は5倍に大きく広がる!!
840円 681-1 B

表示価格はすべて本体価格（税別）です。本体価格は変更することがあります

講談社+α新書

書名	著者	内容	価格・番号
「反日モンスター」はこうして作られた 狂暴化する韓国人の心の中の怪物〈ケムル〉	崔碩栄	韓国社会で猛威を振るう「反日モンスター」が制御不能にまで巨大化した本当の理由とは!?	890円 682-1 C
男性漂流 男たちは何におびえているか	奥田祥子	婚活地獄、仮面イクメン、シングル介護、更年期。密着10年、哀しくも愛しい中年男性の真実	880円 683-1 A
親の家のたたみ方	三星雅人	「住まない」「貸せない」「売れない」実家をどうする? 第一人者が教示する実践的解決法!!	840円 684-1 A
昭和50年の食事で、その腹は引っ込む なぜ1975年に日本人が家で食べていたものが理想なのか	都築毅	東北大学研究チームの実験データが実証したあのころの普段の食事の驚くべき健康効果とは	840円 685-1 B
こんなに弱い中国人民解放軍	兵頭二十八	核攻撃は探知不能、ゆえに使用できず、最新鋭の戦闘機200機は「F-22」4機で全て撃墜さる!!	840円 686-1 C
巡航ミサイル1000億円で中国も北朝鮮も怖くない	北村淳	世界最強の巡航ミサイルでアジアの最強国に!! 中国と北朝鮮の核を無力化し「永久平和」を!	920円 687-1 C
私は15キロ痩せるのも太るのも簡単だ! クワバラ式体重管理メソッド	桑原弘樹	ミスワールドやトップアスリート100人も実践!! 体重を半年間で30キロ自在に変動させる方法!	840円 688-1 B
「カロリーゼロ」はかえって太る!	大西睦子	ハーバード最新研究でわかった「肥満・糖質・酒」の新常識! 低炭水化物ビールに要注意!!	800円 689-1 B
銀座・資本論 21世紀の幸福な「商売《あきない》」とはなにか?	渡辺新	マルクスもピケティもていねいでこまめな銀座の商いの流儀を知ればビックリするハズ!?	840円 690-1 C
「持たない」で儲ける会社 現場に転がっていたゼロベースの成功戦略	西村克己	ビジネス戦略をわかりやすい解説で実践まで導く著者が、39の実例からビジネス脳を刺激する	840円 692-1 C
LGBT初級講座 まずは、ゲイの友だちをつくりなさい	松中権	バレないチカラ、盛るチカラ、二股力、座持ち力…ゲイ能力を身につければあなたも超ハッピーに	840円 693-1 A

表示価格はすべて本体価格(税別)です。本体価格は変更することがあります

講談社＋α新書

10歳若返る！　トウガラシを食べて体をねじるダイエット健康法
松井　薫
美魔女も実践して若返り、血流が大幅に向上!! 脂肪を燃やしながら体の内側から健康になる!!
840円 708-1 B

「絶対ダマされない人」ほどダマされる
多田文明
「こちらは消費生活センターです」「郵便局です」……ウッカリ信じたらあなたもすぐエジキに！
840円 705-1 C

熟成・希少部位・塊焼き　日本の宝・和牛の真髄を食らい尽くす
千葉祐士
牛と育ち、肉フェス連覇を果たした著者が明かす、和牛の美味しさの本当の基準とランキング
880円 706-1 B

金魚はすごい
吉田信行
かわいくて綺麗なだけが金魚じゃない。金魚が「面白深く分かる本」金魚ってこんなにすごい！
840円 707-1 D

なぜヒラリー・クリントンを大統領にしないのか？
佐藤則男
グローバルパワー低下、内なる分断、ジェンダー対立。NY発、大混戦の米大統領選挙の真相。
880円 709-1 C

ネオ韓方　女性の病気が治るキレイになる「子宮ケア」実践メソッド
キム・ソヒョン
元ミス・コリアの韓方医が「美人長命」習慣を。韓流女優たちの美肌と美スタイルの秘密とは!?
840円 710-1 B

中国経済「1100兆円破綻」の衝撃
近藤大介
7000万人が総額560兆円を失ったと言われる今回の中国株バブル崩壊の実態に迫る！
760円 711-1 C

会社という病
江上　剛
人事、出世、派閥、上司、残業、査定、成果主義……。諸悪の根源＝会社の病理を一刀両断！
850円 712-1 C

GDP4%の日本農業は自動車産業を超える
窪田新之助
2025年には、1戸あたり10ヘクタールに!! 超大規模化する農地で、農業は輸出産業になる！
890円 713-1 C

中国が喰いモノにするアフリカを日本が救う　200兆円市場のラストフロンティアで儲ける
ムウェテ・ムルアカ
世界の嫌われ者・中国から〝ラストフロンティア〟を取り戻せ！　日本の成長を約束する本!!
840円 714-1 C

インドと日本は最強コンビ
サンジーヴ・スィンハ
天才コンサルタントが見た、日本企業と人々の「何コレ!?」——日本とインドは最強のコンビ
840円 715-1 C

表示価格はすべて本体価格（税別）です。本体価格は変更することがあります